Oraciones Poderosas

Oraciones Poderosas

Devocionales para 28 Días

Rosario Picardo y Sue Nilson Kibbey

invite PRESS

Plano, Texas

Oraciones Poderosas:
Devocionales para 28 Días
Derecho de autor © 2022 por Rosario Picardo y Sue Nilson Kibbey

Este libro se imprimió en papel sin contenido de aceite o de cloro elemental.

ISBN Tapa blanda: 978-1-953495-83-9

22 23 24 25 26 27 28 29 30 31—10 9 8 7 6 5 4 3 2 1

FABRICADA EN LOS ESTADOS UNIDOS DE AMÉRICA

Contenido

SEMANA 3: PODER DEL ESPÍRITU SANTO

SEMANA 4: ESPÍRITU SANTO: NUESTRA POSTURA

Todas las regalías de la venta de esta guía de 28 días están destinadas al Centro de Innovación Obispo Bruce Ough en el Seminario Teológico Unido en Dayton, Ohio, una nueva innovación sagrada en sí misma, soñada y creada a través de oraciones de descubrimiento para las nuevas posibilidades de Dios.

Prólogo

Recuerdo que era el inicio de 2020, poco antes que llegara sin esperarla la pandemia de COVID-19. El Seminario Teológico Unido en Dayton Ohio, el lugar en el que estaba sirviendo en ese momento, había llegado a una encrucijada y había decidido programar un retiro estratégico de planificación para ver si podíamos identificar los nuevos pasos que debíamos tomar para el crecimiento futuro. Se quería que el retiro fuera un evento grande con administradores, profesores, personal, además de ex-alumnos y otros estudiantes cursando estudios en ese momento. La facilitadora que empleamos fue mi buena amiga y colega, la Reverenda Sue Nilson Kibbey.

Sue es excelente en facilitar las conversaciones y ayudar a dirigir grupos de líderes. Asimismo, algo que hace que Sue sea diferente a los demás es su pasión y confianza en la oración. Yo ya había implementado lo que ella denomina su capacitación en la oración de descubrimiento en mi propia iglesia. Incorporé una "Iniciativa de Oración de Descubrimiento" continua, en la que la iglesia recita todos unidos una oración elaborada que le pide a Dios que abra nuevas puertas con nuevas posibilidades a una hora específica cada día, y había sido testigo de cómo el Espíritu Santo desencadenaba milagros en respuesta. ¡Cómo debe amar Dios ese tipo de oración!

De la misma manera, Sue sugirió que los asistentes al retiro del Seminario Teológico Unido también se comprometieran a crear una oración corta de descubrimiento cada día durante las seis semanas anteriores al retiro, pidiéndole a Dios que revele nuevas posibilidades para preparar nuestros corazones, mentes y espíritu para esta importante reunión. ¿Qué pasaría si todos rezáramos juntos diariamente, pidiendo que Dios nos muestre sus próximas ideas en lugar de solo la nuestra? Como Decana de la Capilla del Seminario Teológico Unido, yo trabajé estrechamente con Sue para concebir el tema de los versículos de las escrituras para el tiempo que estuviéramos juntos.

El Señor nos dio 2 Timoteo 1:7: "Porque no nos ha dado Dios espíritu de cobardía, sino de poder, de amor y de dominio propio" (NKJV). Pudimos darnos cuenta de que este versículo constituía algo específico en lo que el Señor quería que nos enfocáramos: la palabra *poder*. Sue mencionó que el significado de esa palabra como está escrita en el idioma griego original del Nuevo Testamento, *dunamis*, es de donde obtenemos la palabra en español *dinamita*. Esta palabra griega describe el poder sobrenatural que solo Dios puede proporcionar en y a través de nosotros, y que vemos manifestado una y otra vez en todo el Nuevo Testamento. Las escrituras dicen que fue el poder *dunamis* de Dios, que logró la resurrección de Jesús de entre los muertos. En realidad, la palabra griega *dunamis* se usa más de ciento veinte veces desde el libro de Mateo hasta el Apocalipsis.

Mientras participábamos juntos en la oración corta diaria durante seis semanas antes del retiro de planificación estratégica, estábamos todos juntos escuchando espiritualmente al mismo tiempo que le pedíamos a Dios colectivamente, que se abriera paso con nuevas ideas y posibilidades para el seminario que amábamos. Y, por más difícil que esto pueda ser de creer, después del retiro de día y medio juntos donde manifestamos todos lo que habíamos escuchado de Dios a través de nuestra etapa de oración de descubrimiento preparatoria, ¡Se habían nombrado más de quinientas distintas ideas potenciales para el futuro del seminario!

Por ejemplo, una de las ideas que Dios nos comunicó muy claramente fue la necesidad de que nuestra escuela desarrollara nuevas asociaciones. A medida que todos continuamos rezando durante los siguientes meses después del retiro, pudimos ver asombrados como nuestro seminario en su totalidad recibió una abundancia de oportunidades de asociaciones y nuevas invitaciones para trabajar con líderes y organizaciones de pensamientos increíbles. Analizando esto después, todos los que asistieron reconocieron la naturaleza espiritualmente esencial del retiro y cómo afectó en adelante el nuevo ímpetu en el Seminario Teológico Unido, y recordamos como todo empezó con una oración. Estábamos incursionando en el poder *dunamis* milagroso de Dios.

Nuestra oración y esperanza para esta actividad devota es que, de igual manera, Dios te hable en nuevas formas, que sientas la presencia de Dios como nunca antes y que te conviertas en un receptáculo encendido y guiado de nuevo por el poder *dunamis* del Espíritu de Dios. En cuanto a lo que está sucediendo en el Seminario Teológico Unido, a medida que continuamos con la oración de descubrimiento, ¡consulta el epílogo del Decano Rev. Dr. Kent Millard al final de este libro!

Rosario Picardo

Diciembre 2021

Introducción

¿Qué es la "Oración de descubrimiento"?

Si estás buscando seguir a Cristo, es de crucial importancia priorizar el tiempo para lo que deseas aprender, y escuchar, la voz del Espíritu de Dios para orientación.

Si no lo haces, solo estarás adivinando por ti mismo cuál es la mejor ruta para tomar cada día y qué decisiones y opciones podrían lograr los propósitos de Dios en y a través de ti. Lo más probable es que dejes de vivir en toda la plenitud que Dios quiere para ti, que está disponible a través del *dunamis* del Espíritu Santo, que abre nuevas puertas de posibilidades milagrosas en la capacidad de todo y cada momento. *Dunamis* es la palabra original en griego del Nuevo Testamento para el poder de resurrección del Espíritu de Dios; y es el concepto central que esperamos que aprendas a través de esta guía. Cuando oramos, esta es una oportunidad para pedirle al Espíritu de Dios que se aproxime y transforme nuestras vidas y nuestro mundo. En efecto, nuestra palabra en español "dinamita" obtiene su origen de esta palabra griega.

Muchos cristianos fieles desarrollan buenos hábitos de pasar un tiempo leyendo regularmente la Biblia y reflexionando sobre las aplicaciones de las escrituras en la vida. Muchos le piden a Dios a través de la oración sanación, comodidad, protección, provisión y que Dios bendiga a sus seres queridos y a ellos mismos. Sin embargo, muchos dicen con frecuencia que les gustaría entender más sus oraciones y que sus oraciones tengan mayor impacto.

La finalidad de este libro es mostrarles cómo, a través de un experimento de oración de descubrimiento de 28 días, puedes convertirte en parte de la actividad *dunamis* de Dios en el mundo, ¡para vivir dentro de toda la riqueza explosiva de las intenciones de Dios para ti! La clave, en nuestra experiencia, es lo que sucede cuando incluyes un componente más en tu práctica de oración recurrente a lo largo de cada día. La denominamos una oración de descubrimiento, pedirle a Dios nuevas posibilidades para seguir adelante, invitar a Dios Todopoderoso para que abra nuevas puertas, y junto con eso, el compromiso de dejar de lado todo lo que eres ahora, y dejar espacio para todo lo que Dios desea desarrollar. Luego, fíjate en los nuevos ojos y oídos de discernimiento que obtendrás mientras se te guía hacia adelante en el camino abierto y milagroso de la fe.

¿Crees que el Espíritu Santo ha estado siempre desplegando respuestas divinas a tus oraciones, impregnadas con el *dunamis* que el Espíritu de Dios puede proporcionar, pero no te diste cuenta porque después de orar regresaste a preocuparte dejando que tus propias preferencias y opiniones guiaran tu camino? Deja de pensar y de asumir que has terminado cuando el tiempo de oración ha terminado. Sigue adelante con tu día, por supuesto. Pero ahora, en cada movimiento que sigue a tus oraciones de cualquier longitud, continúa manteniendo tu corazón y tu espíritu receptivos y en espera, listo para darte cuenta y seguir la respuesta y orientación que Dios está desplegando.

Cómo usar esta guía

Esta actividad devocional de *Oración Dinamita* es una guía de 28 días con profusión de oraciones para ayudarte a experimentar la incorporación de la práctica de la oración de descubrimiento en tu vida diaria siguiendo a Cristo. Sirve, además, para ayudarte a cultivar tu capacidad para discernir, observar y responder a la orientación de Dios, y vivir de acuerdo con el poder milagroso del Espíritu:

La entrada de cada día se divide en cinco partes claves:

- Una **lectura** de las escrituras que hace énfasis en el poder dinámico (*dunamis*) de Dios.
- Una **reflexión** devocional personal sobre algún aspecto único del Espíritu Santo.

- **Guías** para ayudarte a cultivar tu propia reflexión honesta y auténtica, anotación personal o discusión con los demás.

- Una **oración** corta de descubrimiento para mantener tu mente y corazón alineados y enfocados hacia Dios durante el día. ¡También hay espacio para que puedas crear tu propia oración de descubrimiento!

- Una versión incluso más corta de la oración de descubrimiento a la que le hemos dado el nombre de **oración de retención**, que es un estilo de oración practicado a lo largo de nuestra histórica fe cristiana.

Al final de la devoción de cada día, hemos proporcionado la inspiración de una hermana o hermano en Cristo sobre el poder y actividad dinámicos del Espíritu de Dios.

Sobre las **oraciones de retención**: una oración de retención es una frase o palabra corta de un versículo de las escrituras que puedes usar para orar frecuentemente durante el día. Cada hora (o en cualquier momento que te des cuenta de que te estás sintiendo inadecuado, indeciso o que tienes tentación de desviarte de tu camino espiritualmente) simplemente puedes recurrir a la oración de retención corta del día. Esto ayuda a reajustar y volver a alinear tus ojos espirituales nuevamente para discernir y seguir la actividad y orientación del Espíritu.

Algunos ejemplos de "oraciones de retención" cortas basadas en las escrituras podrían ser:

Dios es fiel.
De 1 Tesalonicenses 5:24 (CEB): "Fiel es el que os llama, el cual también lo hará".

Llévame a la roca que es más alta que yo.
De Salmo 61:2

Incluso las oraciones de retención de una sola palabra de las escrituras son de utilidad. El siguiente es un ejemplo de esto:

Perfeccionar.
De Filipenses 1:6 (CEB): "el que comenzó en vosotros la buena obra, la perfeccionará hasta el día de Jesucristo".

Para usar la oración de retención del día, fija un recordatorio en tu reloj o teléfono o deja una nota escrita para hacer una pausa, reenfocarte y orar con esta oración de retención en momentos convenientes durante el día, como puede ser cada hora, en las comidas o en otro cronograma que te sea más conveniente.

Una vez que hayas finalizado tu guía de Oración Dinamita de 28 días, nuestro deseo es que se haya convertido en una referencia lista a la cual puedas regresar una y otra vez para refrescarte. Mantén tu experimento de la oración de descubrimiento en marcha.

Toma en cuenta que esta guía también está diseñada para su uso en grupo. Usa esta actividad devocional para conectarte con otros que están en su propio experimento de *dunamis* de 28 días para tener compañeros espirituales con quienes discutir, compartir, alentar y orar durante el camino. Pueden celebrar sus descubrimientos juntos. También considera usar esta guía en tu iglesia como la base para un experimento de Oración Dinamita de 28 días a nivel de congregación de oración de descubrimiento y de crecimiento espiritual juntos. Tu pastor podría al mismo tiempo predicar una serie de sermones basados en cada uno de los cuatro temas de *dunamis* semanales nombrados en la tabla de contenido. ¡Imagina que fuerza espiritual poderosa se podría crear con esto!

Finalmente, ten confianza de que a medida que oras cada día, el poder de Dios, el poder sobrenatural de resurrección del *dunamis* de Cristo, se abrirá paso, te llenará y te llevará más allá de lo que nunca has podido preguntar, pensar o imaginar (Efesios 3:20). Deja que tu experimento de oración empiece ahora.

Día 1: Cubrir con su sombra

Respondiendo el ángel, le dijo, "El Espíritu Santo vendrá sobre ti, y el poder [dunamis]
del Altísimo te cubrirá con su sombra. Por lo cual también el Santo Ser que nacerá,
será llamado Hijo de Dios".
—Lucas 1:35

Reflexión

La historia en el versículo de hoy, al que nos referimos históricamente como el Nacimiento Virginal y la Encarnación, permanece eternamente relevante. Eso se debe a que observamos en ella un ejemplo de lo que ocurre cuando nos entregamos ante el nacimiento de la nueva creación milagrosa de Dios. En nuestras mentes limitadas es difícil comprender que Dios se convierte en un ser humano y el Espíritu Santo ayuda a María a concebir a Jesús. Lucas registró que, de acuerdo con el mensaje del ángel para María, ocurriría un milagro más allá de su comprensión debido a que "el poder [*dunamis*] del Altísimo te cubrirá con su sombra".

María se sometió respondiendo, "He aquí la sirvienta del Señor. Hágase conmigo según tu palabra".

En nuestra sociedad hoy, la palabra cubrir con su sombra podría inferir una connotación servil negativa o de quedar marginado del centro de atención. Sin embargo, en el idioma griego original en el cual Lucas escribió su relato, la palabra traducida al español para nosotros como "cubrir en su sombra" se usó solo cinco veces en el Nuevo Testamento. Describe una nube brillante, que rodea y cubre con su brillantez. Su uso aquí señala hacia el Antiguo Testamento, en el cual se

1

guiaba a las personas de Dios con una columna brillante de nube durante el día y con una columna igualmente vívida de fuego por la noche. En concreto, esto es evidencia de la inmediata presencia y poder de Dios.

Considera que el Espíritu de Dios desea únicamente cubrirte con su sombra nuevamente hoy con el milagroso brillo creativo de la presencia y el poder *dunamis*. ¿Elegirás aceptar la invitación para estar dispuesto a someter tus propios planes y preferencias y así dejar un espacio, como María?

Guía

¿Cuán cómodo, o incómodo, es la entrega espiritual para ti? ¿Qué consideras que debe someterse al cuidado de Dios en este momento, a fin de que tengas lugar para que el *dunamis* del Espíritu pueda cubrirte nuevamente con su sombra? Escríbelo aquí.

Mi oración de descubrimiento para el día de hoy

Dios, que el poder de tu Espíritu Santo cubra mi mente, pensamientos, voluntad y agenda para lo que tu desees crear de nuevo en mí, a través de mí y a mi alrededor. Amén.

O crea tu propia oración de descubrimiento a continuación.

Oración de retención (para orar durante el día)

Dios, cúbreme con tu sombra . . .

[Llena el resto de la oración con tu necesidad mayor de hoy].

Para trasladarnos de lo mundano a lo magnífico, tenemos que permitir que el amor de Dios nos cubra con su sombra.
—Callie Picardo

Día 2: El desierto

Jesús volvió en el poder [dunamis] del Espíritu a Galilea, y se difundió su fama por toda la tierra de alrededor.
—Lucas 4:14

Reflexión

¿Has tenido más experiencias en lo que parecían ser los páramos, los desiertos y los valles de la vida que en la cima de una montaña? Las experiencias en la cima de una montaña son experiencias monumentales. Te sientes en la cima del mundo. A lo mejor has experimentado momentos espirituales en tu vida sintiéndote en la cima de una montaña, como puede ser mientras asistías a retiros o conferencias, o mientras asistías a un servicio de adoración en la iglesia.

A veces, sin embargo, parece que uno se encuentra con más valles que cimas de montañas. El "valle" es cuando te tumban y te quedas sin nada. A pesar de ser tan difícil, un valle también es sagrado: es en el valle cuando tienes oportunidad de reflexionar sobre tu propio y profundo sentido de ineptitud. En esos momentos, te das cuenta de que no puedes hacerlo todo, tú tienes limitaciones y necesitas desesperadamente la gracia y poder de redención de Dios.

Recuerda los valles que has tenido en tu vida. Quizás ahora puedes darte cuenta cómo el apoyo de Dios te ayudó a salir adelante. Esta es la potencia del poder *dunamis* de Dios. Tal como se describe en el pasaje de las escrituras que incluye el versículo de hoy, Jesús tuvo muchas tentaciones cuando estuvo en el desierto, cuarenta días de soledad, negarse a su carne mientras también estaba hambriento, exhausto y coaccionado por el demonio a tomar el camino más fácil. Leímos que cuando Jesús venció las tentaciones, finalmente estaba listo para surgir y volver para empezar su ministerio público. Pero Jesús solo pudo vencer las tentaciones del demonio a través "del poder del Espíritu". Más específicamente, el poder de resurrección de *dunamis* solo le llegó cuando decidió rechazar tomar el camino más fácil para salir. Cuando regresó a Galilea, estaba empoderado para brindar una nueva presencia e impacto milagrosos.

El poder verdadero no proviene de tu propia fuerza o simplemente del poder de pensamiento positivo. El poder milagroso, el poder *dunamis*, fluye a través de ti cuando rechazas el camino fácil para decir sí a lo que tú sabes que es el futuro preferido de Dios para ti.

Guía

¿Qué tentación (de cualquier clase) enfrentas hoy, y cuál es la elección que necesitas tomar para que el empoderamiento del *dunamis* de Dios fluya en ti? Escríbelo aquí.

Mi oración de descubrimiento para el día de hoy

Dios, irrumpe con tu poder *dunamis* todas mis opciones para lograr el bien mayor que desees lograr. Amén.

O crea tu propia oración de descubrimiento a continuación.

Oración de retención (para orar durante el día)

Dios, en el *dunamis* del Espíritu, yo digo sí a tu futuro.

El valor de la oración consistente no es que Él nos escuchará a nosotros, sino que nosotros lo escucharemos a Él.
—William J. McGill

Día 3: Enviados

Habiendo reunido a sus doce discípulos, les dio poder [dunamis] y autoridad sobre
todos los demonios, y para sanar enfermedades. Y los envió a predicar el reino de Dios,
y a sanar a los enfermos.
—Lucas 9:1–2

Reflexión

Después de las tentaciones de Jesús en el desierto, él ingresó a tres años de ministerio terrenal empoderado con el *dunamis* del Espíritu de Dios para servir, predicar y sanar. Asimismo, cuando Jesús envió a predicar a aquellos que había elegido como sus discípulos, él los bendijo con el mismo poder milagroso del *dunamis* para su misión y servicio en nombre del pueblo de Dios. Él también los mandó a predicar con la responsabilidad, o autoridad, para actuar y predicar en su nombre y de acuerdo con sus enseñanzas.

El poder sobrenatural que les dio a esos discípulos tempranos fue un conocimiento previo de lo que experimentarían después de la resurrección en el día de Pentecostés.

Como un discípulo de Jesús, a ti también se te envía a salir con este mismo poder a través del Espíritu Santo que levantó a Cristo de entre los muertos y se volcó a sus primeros seguidores. Y tú también tienes la responsabilidad de vivir bajo la autoridad de Dios a medida que avanzas cada día para suplir las necesidades de los demás en el nombre de Cristo.

Los cristianos desean con frecuencia y hasta oran para pedir las bendiciones de Dios, esperando recibir para uno mismo beneficios materiales o ganancias financieras. Sin embargo, los milagrosos recursos del *dunamis* que recibe un discípulo de Jesús también incluye paralelamente la responsabilidad de aprovechar todo para el bien de Dios, no para el beneficio propio. ¿Qué aspecto tiene esto? Las características típicas de vivir responsablemente bajo la autoridad de Dios incluye tu alineación con el Espíritu Santo impulsada por la oración que te proporcionará protección spiritual al enfrentar la tentación, además de la orientación inspirada por el *dunamis* en los momentos de incertidumbre.

La vida siguiendo a Jesús es mucho más que la búsqueda de riqueza, reconocimiento, conocimientos y bendiciones. Como hicieron los Doce Apóstoles, entregándose para recibir el poder *dunamis* del Espíritu y viviendo obedientemente bajo la autoridad y orientación de Dios, proporcionará satisfacción más allá de lo que puedas pedir, pensar o imaginar.

Guía

¿Bajo qué autoridad dirías honestamente que vives y actúas, bajo la tuya propia, la de otra persona o la de Dios? ¿Qué necesitarías para reconsiderar hacer que la autoridad impregnada por el *dunamis* de Dios sea tu cimiento hoy? Escríbelo aquí.

Mi oración de descubrimiento para el día de hoy

Dios, que el Espíritu Santo elimine cualquier miedo o hábito egoísta que pueda tener para que yo pueda ser un instrumento de vuestra autoridad y poder *dunamis* enviados hoy. Amén.

O crea tu propia oración de descubrimiento a continuación.

Oración de retención (para orar durante el día)

Enviado con el poder y autoridad de Dios.

Debemos modificar nuestras vidas con el propósito de cambiar nuestros corazones, ya que es imposible vivir de una forma y orar de otra.
-William Law

Día 4: Incredulidad

Venido a su tierra, [Jesús] les enseñaba en la sinagoga de ellos, de tal manera que se maravillaban, y decían: "¿De dónde tiene este esta sabiduría y estos milagros? ¿No es este el hijo del carpintero? ¿No se llama su madre María, y sus hermanos, Jacobo, José, Simón y Judas? ¿No están todas sus hermanas con nosotros? ¿De dónde, pues, tiene este todas estas cosas?" Y se escandalizaban de él. Pero Jesús les dijo: "No hay profeta sin honra, sino en su propia tierra y en su casa". Y no hizo allí muchos milagros [dunamis], a causa de la incredulidad de ellos.
—Mateo 13:54–58

Reflexión

"Esta es la forma en la que siempre ha sido y no cambiará nunca". Has escuchado u observado una actitud similar en tu familia, tus amigos, tus compañeros de trabajo, ¿o hasta lo has notado en ti mismo?

Una perspectiva que asume el cambio para lograr lo mejor es imposible, aun si se desea, e inhibe la apertura para las posibilidades de las nuevas soluciones diseñadas por Dios. Eso es exactamente lo que Jesús enfrentó durante su ministerio terrenal cuando regresó a su tierra natal para predicar y enseñar las buenas nuevas del reino de Dios. Él había pasado cuarenta días en el desierto soportando grandes tentaciones y no había elegido el camino fácil para solucionarlo. Más adelante, regresó a la zona donde había vivido toda su vida, con el legado del *dunamis*, para dirigir e impartir un nuevo misterio milagroso. Sin embargo, aquellos que antes habían conocido a Jesús, ahora se negaban a verlo con ojos diferentes llenos de fe. En lugar de esto, se aferraban a su falta de fe de que algo pudiera cambiar.

El resultado fue, como indica el pasaje de las escrituras de hoy, que el poder *dunamis* de la resurrección para que fluya a través de Jesús en su nombre, disminuyó. La palabra griega original que ha sido traducida al español como incredulidad en este pasaje, literalmente quiere decir "falta de fe", o una falta de confianza en la promesa de Dios.

No es posible controlar el nivel de confianza de los demás en la habilidad de Dios, ¿pero qué pasa con la tuya? Una vida llevada con confianza continua llena de fe en la actividad supernatural de *dunamis* del Espíritu Santo crea el espacio para su flujo potencial en y a través de ti mediante tu vida de oración. Ten cuidado de cualquier tipo de resignación carente de fe sobre lo "que es", y elige en su lugar ver todo y a todos con potencial para la transformación de Dios, incluyéndote a ti mismo. El mismo poder por el cual Jesús se levantó de entre los muertos sigue vivo y activo ahora.

Guía

Evalúate a ti mismo con honestidad. ¿Has asumido una actitud de incredulidad en cualquier aspecto de la forma general de tu fe que limita el potencial de Dios que de otra manera podrías ver en ti mismo, aquellos alrededor de ti o tu situación actual? ¿Esto ha autolimitado lo que pudiera querer hacer el Espíritu Santo? Escríbelo aquí.

Mi oración de descubrimiento para el día de hoy

Dios, que tu Espíritu Santo reemplace mis ojos de incredulidad con tus ojos abiertos a las posibilidades del *dunamis*. Amén.

O crea tu propia oración de descubrimiento a continuación.

Oración de retención (para orar durante el día)

Nuevos ojos . . .

La oración rompe todas las barras, disuelve todas las cadenas, abre todas las cárceles y amplía todos los estrechos en los cuales han estado sujetos los santos de Dios.
—Edward McKendree Bounds

Día 5: Capacidad

Nuevamente, será como un hombre que yéndose lejos llamó a sus siervos y les entregó sus bienes. A uno dio cinco talentos, y a otro dos, y a otro uno, a cada uno conforme a su capacidad [dunamis] y luego se fue lejos. El que había recibido cinco talentos fue y negoció con ellos, y ganó otros cinco talentos. Asimismo, el que había recibido dos, ganó también otros dos. Pero el que había recibido uno fue y cavó en la tierra, y escondió el dinero de su señor.
—Mateo 25:14–18

Reflexión

Jesús narró una parábola a sus seguidores y el pasaje de la escritura de hoy es la primera parte de la historia. Él explicó que cada uno de los sirvientes había sido bendecido con una distribución de *dunamis*, a veces traducido en nuestro Nuevo Testamento en Inglés como una "capacidad", para los fines de realizar el trabajo de su amo. Los primeros dos sirvientes sí usaron las capacidades que les había dado Dios a través de esfuerzos exitosos para prosperar y aumentar los recursos del amo que se los había dado. El tercer sirviente también recibió una parte de los recursos de su amo, pero él tomó un camino diferente. En lugar de también salir e intentar multiplicar su utilidad, él enterró su parte y siguió con su propio trabajo. Jesús explicó al final de la parábola que cuando regresó, el amo estuvo complacido con los dos primeros, pero el tercero perdió todo lo que se le había dado.

Como los sirvientes en la parábola, si tú has dicho "¡Sí!" a una nueva vida en Cristo, también se te ha equipado con una parte especial del milagroso *dunamis* de Dios. Este se manifiesta como tu capacidad única o talento para participar y multiplicarse en la obra del Espíritu de llevar las buenas nuevas de Cristo a través de varias expresiones de redención de amor y benevolencia en las vidas y en el mundo que te rodea. Esto es más que simplemente tu talento o capacidad humana natural. Tu nueva vida en Cristo también te ha colmado con una dosis única de la capacidad supernatural del Espíritu Santo.

Asimismo, como los sirvientes en la parábola, tú tienes una decisión que tomar: ¿Aplicarás esta capacidad milagrosa que Dios te ha dado hacia el exterior o la enterrarás y te enfocarás solo en tus propias actividades? ¿Usarás tu tiempo cada día como el tuyo propio o estará disponible para que el Espíritu Santo con su orientación te destaque para servir, ya sea en entornos altamente visibles o en acciones pequeñas que no llaman la atención para hacer el bien?

Guía

¿Cuál *dunamis* único o talento de la capacidad de Dios te han brindado, por lo menos de acuerdo con tu propio conocimiento? Escríbelo aquí. ¿Qué cambio en la disponibilidad y flexibilidad espiritual honraría y multiplicaría mejor el impacto de tu dosis sobrenatural de talento en nombre de aquellos que te rodean? Escríbelo aquí.

Mi oración de descubrimiento para el día de hoy

Dios, vence cualquier resistencia que pudiera tener para invertir y multiplicar tus dones de *dunamis*. Que pueda ser yo como el primer sirviente en la escritura. Lléname de confianza, ansias y deseos de que me uses para tus propósitos mayores. Amén.

O crea tu propia oración de descubrimiento a continuación.

Oración de retención (para orar durante el día)

Úsame . . .

La oración verdadera no es un ejercicio mental o una representación vocal. Es más profundo que eso, es una transacción espiritual con Dios.
—*Charles Spurgeon*

Día 6: Capacitación para la espera

Yo enviaré la promesa de mi Padre sobre vosotros; pero quedaos vosotros en la ciudad de Jerusalén, hasta que seáis investidos de poder [dunamis] desde lo alto.
—Lucas 24:49

Reflexión

Los norteamericanos somos las personas más pendientes de la hora en el mundo. Siempre estamos apurados. Inventamos la comida rápida, el café instantáneo, el mensajero instantáneo, el correo exprés, los cambios de aceite exprés y las vías rápidas.

No nos gusta para nada esperar . . .

- en la larga cola de la tienda de comestibles, aun cuando estemos en la línea de autoservicio de pago.
- que la persona a cargo del servicio al cliente tome la llamada cuando nos han puesto en espera.
- una respuesta a un mensaje de texto cuando estamos en medio de una conversación.
- a un amigo que tiene como costumbre llegar siempre tarde.
- en los atoros de tráfico, especialmente cuando nos estamos dirigiendo a un lugar importante (que por lo general es siempre).

Detestamos esperar por las cosas que no significan mucho para nosotros a la larga, ¿Pero qué sucede con aquellas cosas de mayor importancia?

- esperar que aprueben una adopción.
- esperar que nos hagan la cirugía programada o que el médico nos entregue los resultados del laboratorio.
- esperar por orientación en nuestras vidas. ¿Qué es lo siguiente?

Tanto como odiamos esperar, algo supernatural y poderoso puede suceder durante la espera. La espera no es para los débiles de corazón. La "Capacitación para la espera" desarrollará músculos espirituales de fe que nunca supimos que teníamos para ayudarnos a llegar a un nivel que nunca esperamos poder alcanzar.

Después de su resurrección, Jesús apareció nuevamente frente a sus discípulos. Estaban muy felices de verlo y es en ese momento en que Jesús les dio un encargo problemático final antes de ascender al cielo: los judíos ya habían estado esperando durante incontables años para que el Mesías llegara la primera vez. Ahora, aquel a quien habían estado esperando estaba partiendo, ¿y ellos tenían que esperar ... nuevamente?

Y ahora a ti personalmente. ¿Te tiene Dios en un programa de capacitación para la espera? A lo mejor esperar no es solo un momento de retención, sino parte de tu trayecto con Cristo. A lo mejor la espera es solo el momento que necesitas para dejar de lado tu impaciencia y abrazar el proceso del *dunamis* del Espíritu Santo para fortalecer los músculos de tu fe.

Guía

¿Qué sucede cuando te das cuenta que estás esperando a Dios? ¿Cuál es tu respuesta por defecto? Considera nuevas formas para aumentar tus "músculos espirituales" mientras esperas a Dios para que el *dunamis* del Espíritu Santo tenga oportunidad de continuar madurando y transformándote a ti, en vez de tratar de solucionar las cosas por ti mismo. Escríbelo aquí.

Mi oración de descubrimiento para el día de hoy

Dios, ayúdame a ver mis temporadas de espera como puertas abiertas a través de las cuales me pueda conectar contigo en lugar de encontrar frustración en puertas cerradas a mis propios deseos. Amén.

O crea tu propia oración de descubrimiento a continuación.

Oración de retención (para orar durante el día)

Espera el *dunamis* de Dios . . .

Esperar mientras se ora es una negación disciplinada a actuar antes de que Dios actúe.

—Eugene Peterson

Día 7: Momento oportuno

Pero recibiréis poder [dunamis] cuando haya venido sobre vosotros el Espíritu Santo, y me seréis testigos en Jerusalén, en toda Judea, en Samaria, y hasta lo último de la tierra.
—Hechos 1:8

Reflexión

Mantenernos alerta para el momento oportuno de Dios y tener las puertas abiertas ha sido el tema en las vidas de muchos en la Biblia. La belleza de la "capacitación para la espera", como lo delineamos ayer, es que un día termina la espera, y hay un después. Toma en consideración:

- Después de largos años de construir el arca en una sequía, Noé finalmente sintió la primera gota de lluvia.

- Mucho después de que Dios hubiera prometido a Abraham que él iniciaría una gran nación, él finalmente se convirtió en padre.

- Después de cuatrocientos años de esclavitud, se le dio a Moisés finalmente la oportunidad en el trono del Faraón para liberar a los niños de Israel

- Después de catorce años de haber estado injustamente encarcelado después de ser traicionado por sus hermanos, finalmente se elevó a José al cargo de segundo en comando en Egipto.

- Después de esperar y observar para elegir el momento oportuno, la Reina Ester pudo finalmente actuar para salvar a su pueblo.

- Después de esperar a Dios mientras ella cuidaba a Naomi, se le concedió finalmente a Ruth la provisión de Dios a través de Boaz.

- Después de esperar casi toda una vida, entre sesenta a setenta años, finalmente se reivindicó a Job.

- Después de treinta años, finalmente se liberó a Jesús para que empezara su ministerio terrenal.

Tal como se relató en el primer capítulo de Hechos, los discípulos se reunieron en una habitación del piso de arriba en Jerusalén y continuaron en "capacitación de espera" hasta la llegada del Espíritu Santo.

Es importante lo que estemos haciendo hasta que se revele la respuesta y el momento oportuno de Dios. Y en los Hechos leímos que los discípulos no estuvieron esperando en forma pasiva sino activa:

- Estaban en el lugar correcto.

- Oraban mientras esperaban.

- Fueron pacientes y persistentes mientras esperaban.

- No se quejaron mientras esperaban.

- No se rindieron mientras esperaban.

- No esperaron solos. Ellos esperaron juntos.

Valió la pena esperar. No pasó mucho tiempo hasta que el poder *dunamis* del Espíritu Santo fuera vertido sobre el testigo de los discípulos y los primeros creyentes por lo que se convirtió en un nuevo movimiento en crecimiento que cambiaría la faz y futuro del mundo, incluyendo nuestras propias vidas en la actualidad.

Guía

De los personajes bíblicos enumerados en la Sección de "reflexión" de hoy, ¿Con quién te relacionas más? Haz una pausa e invita al Espíritu de Dios para que te haga recordar una ocasión o situación en la cual se revelaron el momento oportuno y la provisión de Dios, en retrospectiva, para resultar mucho mejor de lo que tú creías que deseabas. Escríbelo aquí.

Mi oración de descubrimiento para el día de hoy

Dios, vence mi urgencia de hacer cosas o hablar a mi manera, en lugar de someterme y esperar el *dunamis* del Espíritu Santo para abrir puertas, proporcionar ayuda, dirigir, guiar y empoderar. Amén.

O crea tu propia oración de descubrimiento a continuación.

Oración de retención (para orar durante el día)

Ven, Espíritu Santo . . .

Nada sucede en el Reino de Dios a menos que esté precedido por la oración.
—*John Wesley*

Día 8: Carga de "Poder"

[...que entiendan] cuál la supereminente grandeza de su poder para con nosotros los que creemos, según la operación del poder [dunamis] de su fuerza, la cual operó en Cristo, resucitándole de los muertos y sentándole a su diestra en los lugares celestiales.
—*Efesios 1:19–20*

Reflexión

Nuestra segunda semana para analizar la oración de descubrimiento se enfoca en aumentar tu consciencia de lo que puedes esperar del poder del Espíritu de Dios.

Considera esta analogía. ¿Has salido alguna vez de tu casa sin llevar tu laptop, Tablet o cable para cargar tu teléfono? Cuando la batería de tu dispositivo finalmente se acaba, tu habilidad para ser productivo se ve afectada o incluso se detiene. Es posible que prestes cuidadosa atención a empacar los cables para cargar a fin de mantener tus dispositivos cargados para que tus interacciones, conexiones y trabajo puedan seguir sin interrupciones.

El apóstol Pablo escribió una carta sincera a los cristianos en Éfeso, que está incluida en el Nuevo Testamento. El versículo de la escritura de hoy, que proviene de esa carta, incluye parte de su oración para el pueblo de Éfeso sobre mantenerse conectados con su fuente: el poder *dunamis* del Espíritu. Él enfatizó que lo que el Espíritu de Dios utiliza para darle energía a los seguidores de Cristo es la misma fuerza del poder de resurrección mediante el cual Jesús resucitó de entre los muertos y volvió a la vida.

¿Con cuánta frecuencia tratas de cumplir seguir a Jesús usando tu propia fuerza humana, logrando tú mismo tus soluciones, y aplicando tu sabiduría y mejores esfuerzos antes de finalmente volver a Dios? Cualquier "poder" tuyo eventualmente falla sin que te mantengas activamente conectado a la fuente única y verdadera del *dunamis* del Espíritu Santo.

Asistir a un Servicio de devoción de una hora de duración personalmente o en línea cada semana no es suficiente para estar cargado espiritualmente en forma total; así como pasar rápidamente por esta entrada de devoción cada día antes de seguir con las tareas de tu lista de cosas pendientes no es suficiente. ¿Qué te conectará o reconectará a la carga de poder supernatural de *dunamis* ahora mismo? Toma tiempo para hacer una pausa, vuelve a leer y reflexiona sobre las escrituras. Luego, silencia tu dialogo de pensamientos internos para encontrar la calma espiritual ante Dios. Ofrece todo lo que está latente en tu corazón al Todopoderoso en oración, ya sea con palabras en voz alta o transmitidas silenciosamente en tu corazón. Luego invita a Dios a avanzar, abrir nuevas puertas de posibilidades y guiarte de nuevo mientras miras hacia arriba y afuera, con expectativa hacia el futuro. Observa lo que a continuación el *dunamis* del Espíritu Santo te mostrará, proporcionará y cumplirá.

Guía

¿En qué fuentes confías tú normalmente para empoderarte durante el día, si son fuentes distintas a tu fe u oración? (Ejemplo de esto puede ser lo que crees que has aprendido a través de experiencias pasadas, tu educación, pericia anterior, tu estatus de persona mayor, tu juventud, tu energía física, tu riqueza financiera, un rol o cargo que sustentas u otros). ¿Alguna de estas fuentes alternativas de poder te han fallado o llevado por el camino equivocado? ¿Qué aprendiste? Escríbelo aquí.

Mi oración de descubrimiento para el día de hoy

Dios, atraviesa mi confianza equivocada en mi propio "poder" limitado. Muéstrame nuevas formas para introducirme en tu poder espiritual. Ayúdame a conectarme más continuamente con tu Espíritu. Amén.

O crea tu propia oración de descubrimiento a continuación.

Oración de retención (para orar durante el día)

La fortaleza enorme de Dios es mi poder . . .

Si en algún momento nos sentimos libres del sentido de necesidad [de orar], no se debe a que el Espíritu Santo nos ha dejado satisfechos, sino porque nos sentimos satisfechos con todo lo que tenemos.
—Oswald Chambers

Día 9: Oración de "Poder" para los demás

Oro para que os dé, conforme a las riquezas de su gloria, el ser fortalecidos con poder en el hombre interior por su Espíritu para que habite Cristo por la fe en vuestros corazones, a fin de que, arraigados y cimentados en amor, seáis plenamente capaces de comprender con todos los santos cuál sea la anchura, la longitud, la profundidad y la altura del amor de Cristo, y que excede a todo conocimiento, para que seáis llenos de toda la plenitud de Dios.
—Efesios 3:16–19

Reflexión

A través de las cartas de Pablo del Nuevo Testamento, originalmente compuestas y enviadas a aquellos que fueron parte de la Iglesia temprana, él con frecuencia indicó que estaba enfrentando persecuciones amenazando su vida y problemas propios. Sin embargo, Pablo tuvo tiempo continuamente para orar por los demás mientras escribía. De hecho, parte del versículo final de la escritura de hoy es comentado por líderes de la iglesia con frecuencia como una oración de bendición para el poder *dunamis* del Espíritu Santo y amor sobre la congregación en su totalidad:

"Para que seáis llenos de toda la plenitud de Dios. Amén".

Cientos de años antes de que Pablo escribiera y enviara esta oración a otros seguidores de Cristo a quienes conocía y amaba, el Antiguo Testamento hace un recuento de la desgarradora historia de un hombre de nombre Job. A través de una serie de cada vez peores tragedias y desafíos, Job perdió su familia, su propiedad, su riqueza y su salud. A través de todo esto, se mantuvo aferrado a su fe. Con la orientación de Dios, él trasladó su obsesión lejos de sus preocupaciones y oró por el bienestar de sus amigos. Después de haber orado, sucedió la sanación y restauración milagrosa de Dios en la misma salud de Job y tuvo esperanza (Job 42:7–16). Cuando oramos a Dios en nombre de otro, estamos elevando la vida, las alegrías y desafíos de esa persona a los umbrales de la gracia del Todopoderoso y poder milagroso de *dunamis*, pidiéndole a Dios que los bendiga. Mientras oramos, experimentamos la bendición de Dios en nosotros mismos.

A lo mejor ahora te encuentras en medio de algún tipo de estrés personal y confusión. Podría tener que ver con tu salud, una relación, tus finanzas o una decisión difícil con la cual estás batallando. A lo mejor estás experimentando consecuencias dolorosas como víctima de las acciones de otra persona. Lo que esto pueda ser, es probable que sientas que debes centrar tu oración en tus propias circunstancias.

Sin embargo, el poder *dunamis* del Espíritu Santo también se libera a través de tus oraciones por los demás. Y, al orar por otros aun durante tus momentos difíciles, es posible que te sorprendas por el efecto de *dunamis* del Espíritu, de igual manera, si no es más, para ti mismo.

Guía

Cuando has orado por otra persona, ¿Para qué oras por lo general? ¿Qué nuevas observaciones sobre cómo orar por otra persona notaste en la escritura de hoy? ¿Quién te viene a la mente que necesita de tus oraciones ahora mismo? Escríbelo aquí.

Mi oración de descubrimiento para el día de hoy

Dios, libérame de los límites de una vida de oración enfocada en mí mismo. Que tu Espíritu me inspire y empodere para extender mi oración llena de *dunamis* a tantas personas como sea posible durante este día. Amén.

O crea tu propia oración de descubrimiento a continuación.

Oración de retención (para orar durante el día)

Espíritu, libera tu poder a través de mis oraciones . . .

A través del tejido conector de la oración, [Cristo] abre un poco la puerta que nos hace por lo menos una pequeña parte de cómo estos planes masivos de Él se trasladan a las vidas de las personas que conocemos. Incluyendo las nuestras.
—Priscilla Shirer

Día 10: Guía y provee

Y a Aquel que es poderoso para hacer todas las cosas mucho más
abundantemente de lo que pedimos o entendemos, según el poder [dunamis]
que actúa en nosotros, a Él sea gloria en la iglesia en Cristo Jesús por todas
las edades, por los siglos de los siglos, Amén.
—Efesios 3:20–21 NASB

Reflexión

Puedes haber escuchado el dicho conocido que dice, "Dónde Dios guía, Él provee". ¡Es verdad! Dios parece disfrutar cuando demuestra el poder *dunamis* del Espíritu a través de la orientación divina. Como Pablo enfatizó en su bendición que aparece en la escritura de hoy, el poder de resurrección de Dios es capaz de más de lo que nuestras mentes puedan pensar o nuestras palabras describir cuando se trata de proveer en nombre de hacia dónde Dios nos está llevando y orientando.

Roz vio esto en la Iglesia Mosaic, en donde sirve como copastor, cuando la pandemia de COVID-19 nos atacó. Al igual que muchas otras iglesias y organizaciones, la iglesia Mosaic tuvo que cambiar rápidamente la forma en la que se hacían todas las cosas. La congregación ya no se podía reunir más en el cine que alquilaban los domingos debido a que el cine había dejado de funcionar. En lugar de eso, el poder *dunamis* del Espíritu Santo creó una nueva visión a través de las oraciones del liderazgo de Mosaic para realizar los servicios de adoración los domingos en los estacionamientos/drive-in usando un transmisor FM para el sonido, con la banda y el predicador colocados encima de un camión de plataforma y los asistentes a la iglesia estacionados a una distancia segura en los alrededores. No se contaba con una ubicación, equipo o logística a medida que se aproximaba el primer domingo. Sin embargo, los líderes y la congregación seguían reuniéndose para orar y miraron asombrados como Dios proporcionó todo lo necesario no en una, sino en múltiples ubicaciones para la adoración en el exterior. Cuando cambió la estación y llegó el clima frío, Dios inesperadamente los llevó a un espacio vacío en una tienda comercial por departamentos en un centro comercial cercano, con una renta asombrosamente baja. Pero la Iglesia Mosaic necesitaría comprar equipo adicional, realizar renovaciones al espacio y conseguir fondos para la mudanza, todo esto en medio de la pandemia global. Los líderes de la Iglesia siguieron orando y establecieron una meta de logro financiero de US$87,000. Sin embargo, las personas a quienes el *dunamis* del Espíritu Santo empoderó para hacerlo proporcionaron aproximadamente US$100,000 en solo nueve días, mucho más de lo que se habían imaginado.

A lo mejor también has escuchado historias similares personales sobre la provisión de Dios. O quizás has deseado que tu propia vida se convierta en un ejemplo de tal guía milagrosa y las provisiones de Dios para tus necesidades. Anímate mientras haces que la oración sea la entrega de tus propias ideas y preferencias, mientras que haces que el seguir a Cristo sea la base de tu vida y mientras invitas a Dios para que te guíe.

Cualquier cosa que pidas a Dios en la oración, Dios escucha y responde sabiamente. ¿Te preocupa que la forma en la que Dios pueda guiarte y lo que Dios te provea pueda no ser exactamente lo que tu piensas que quieres? Ten la seguridad de que la fe y la confianza del *dunamis* del Espíritu te guiará y proveerá de acuerdo con lo que Dios desea, como intención divina del Todopoderoso y la agenda de transformación del amor de redención, que siempre logra mucho más que lo que deseamos (y te transformará a ti en el proceso). Confía en el poder *dunamis* de Dios que obra en ti y encuentra la fuerza para seguir adelante a medida que aparecen tus siguientes pasos. ¡Pronto estarás en el camino abierto de la aventura de la fe!

Guía

Siempre que le pidas al Espíritu de Dios que te guíe, ábrete totalmente para escuchar y recibir espiritualmente, empezarás a darte cuenta que Dios siempre responde y provee. ¿Hasta qué punto crees esto lo suficiente para confiar y depender completamente de ello? ¿En algún momento le pides a Dios que te provea, pero luego no sigues la orientación de Dios (que corrige tu curso potencialmente) a medida que esta se vuelve evidente para ti? Escríbelo aquí.

Mi oración de descubrimiento para el día de hoy

Dios, ábrete paso entre las inundaciones de mi temor de que no siempre me proveerás, mientras me orientas y me colocas en el camino sólido de confiar en el poder *dunamis* del Espíritu. Amén.

O crea tu propia oración de descubrimiento a continuación.

Oración de retención (para orar durante el día)

Con mucha más abundancia . . .

> *Las oraciones audaces honran a Dios, y Dios honra las oraciones audaces. Dios no se siente ofendido por tus sueños más grandes o por tus oraciones más audaces. Él se ofende si le ofreces menos. Si tus oraciones no son imposibles para ti, están insultando a Dios.*
> —*Mark Batterson*

Día 11: Camina y habla

Porque conocemos, hermanos amados de Dios, vuestra elección, pues vuestro evangelio no llegó a vosotros en palabras solamente, sino también en poder [dunamis], en el Espíritu Santo y en plena certidumbre, como bien sabéis cuáles fuimos entre vosotros por amor de vosotros.
—*1 Tesalonicenses 1:4–5*

Reflexión

¿Has asistido alguna vez a lo que se denomina una reunión de recuperación? Puede haber sido de Alcohólicos Anónimos (AA) o AlAnon o Celebrar la Recuperación u otro grupo de apoyo similar. Todos hacen énfasis en el enfoque central de los doce pasos, que constituyen un conjunto de principios espirituales. Cuando se practican juntos como una forma de vida, pueden liberar los baluartes de todos los hábitos de consumo y destrucción y permitir la recuperación y liberación. Este tipo de recuperación no es sobre palabras vacías o conocimiento mental. Se trata de acción, sobre tomar el siguiente paso frente a uno, lo que se convierte en un ejemplo tangible que otros pueden emular. El compartir tu historia de recuperación para infundir esperanza para lo mismo en los demás está entretejido en una travesía de recuperación proactiva.

De la misma forma, el poder *dunamis* del Espíritu, que está progresivamente transformándose, madurando y formando la nueva vida en Cristo dentro de ti, puede convertirse en un ejemplo práctico brillante de esperanza para los demás. Date permiso para compartir tu historia de fe y confianza en Cristo con tus palabras siempre que surja la oportunidad. Pero tus palabras sobre la confianza en el poder de la oración no tendrán sentido a menos que también sean evidentes a través de tus opciones vividas, tu actitud demostrada y tus actos tangibles de amor hacia ti mismo y hacia los demás.

Como reconoce Pablo en este pasaje de la escritura, la más grande demostración y testigo del poder de Dios es el milagro de las vidas transformadas. En Cristo tú estás viviendo un milagro. Mucho más que las palabras al predicar, es tu vida la que habla. En realidad, tu vida sometida a través de la oración para vivir diariamente como un receptáculo para que el *dunamis* del Espíritu fluya a través de ti emanará luz y aliento. Como Jesús les dijo a sus discípulos, "Así alumbre vuestra luz delante de los hombres, para que vean vuestras buenas obras, y glorifiquen a vuestro Padre que está en los cielos". (Mateo 5:16).

Guía

Considera esto honestamente, ¿Cuánto de lo que dices (tus palabras) coincide con lo que realmente haces (tus actitudes, conducta, manejo de tus finanzas y posesiones, tratamiento de los demás y tiempo invertido para crecer y madurar espiritualmente)? ¿En cuáles áreas has tenido los mayores desfaces? Escríbelo aquí.

Mi oración de descubrimiento para el día de hoy

Dios, te pido tu ayuda para allanar cualquier hábito, temor o pensamiento que evite que tu luz brille verdaderamente a través de mi persona como un testigo para los demás. Amén.

O crea tu propia oración de descubrimiento a continuación.

Oración de retención (para orar durante el día)

Dios, habla y brilla a través de mi vida . . .

Nunca crecemos más cerca a Dios cuando solo vivimos la vida. Para hacerlo es necesario tener una búsqueda y atención deliberados
—Francis Chan

Día 12: Promesas de Dios

[Abrahán] tampoco dudó, por incredulidad, de la promesa de Dios, sino que se
fortaleció en su fe, dando gloria a Dios, plenamente convencido de que era también
poderoso [dunamis] para hacer todo lo que había prometido.
—Romanos 4:20–21

Reflexión

Vivimos en un momento en el que las promesas de día a día
no siempre significan mucho, o con frecuencia no se cumplen. Y
con promesas sin cumplir viene la decepción y la destrucción
de la confianza.

Pero la forma de operar de Dios es diferente: Dios tiene el poder
milagroso de cumplir las promesas de Dios. Recuerda esta seguridad de
Pablo: "Porque todas las promesas de Dios son en él Sí, y en él Amén,
por medio de nosotros para la gloria de Dios". (2 Corintios 1:20
NASB).

¿Qué significa una "promesa de Dios"? Aquí están una cuantas de
las muchas que aparecen en toda la Biblia (aquellas habladas por Jesús):

"Venid a mí todos los que estáis trabajados y cargados, y yo os haré
descansar. Llevad mi yugo sobre vosotros, y aprended de mí, que soy
manso y humilde de corazón; y hallaréis descanso para vuestras almas".
(Mateo 11:28–29)

"Estas cosas os he hablado para que en mí tengáis paz. En el
mundo tendréis aflicción; pero confiad, yo he vencido al mundo".
(Juan 16:33)

Y la promesa más importante de todas:

"Porque de tal manera amó Dios al mundo, que ha dado a su Hijo unigénito, para que todo aquel que en él cree, no se pierda, mas tenga vida eterna". (Juan 3:16)

Pablo señala la fe de Abrahán como un ejemplo. De acuerdo con el Antiguo Testamento, Abrahán se trasladó a una tierra que nunca había visitado y Dios le prometió que el sería el padre de muchas naciones, y le dijo que cuando estuvieran mayores, él y su esposa Sara tendrían un niño. Nada de esto podría ser ni remotamente posible a través de la propia fortaleza de Abrahán y Sara, pensando con esperanza o con optimismo. Esto sucedió solo por el poder de Dios cumpliendo la promesa de Dios. Dios estableció una promesa de redención y renovación mucho antes que los discípulos de Jesús recibieran su promesa de empoderamiento de *dunamis* por el Espíritu Santo para llevar las buenas nuevas de Jesús al mundo.

Guía

¿Has dicho que sí a la promesa de Dios de una nueva vida eterna a través de la creencia que Jesús es tu Salvador? ¿Existen otras promesas de Dios en las escrituras que tú sostienes cerca a tu corazón y a través de las cuales has recibido paz, confianza, esperanza, orientación o cumplimiento? Sí la respuesta es sí, ¿Cuál o cuáles? Escríbelo aquí.

Mi oración de descubrimiento para el día de hoy

Dios, cambia mi testarudo No en mi persona, en relación con las promesas que tu ofreces, para que a través de tu poder *dunamis* yo pueda experimentar su Sí en ti. Amén.

O crea tu propia oración de descubrimiento a continuación.

Oración de retención (para orar durante el día)

Las promesas de Dios, el poder de Dios . . .

El futuro es tan brillante como las promesas de Dios.
—William Carey

Día 13: Sabiduría de Dunamis

Pues ya que, en la sabiduría de Dios, el mundo no conoció a Dios mediante la sabiduría, agradó a Dios salvar a los creyentes por la locura de la predicación. Porque los judíos piden señales y los griegos buscan sabiduría; pero nosotros predicamos a Cristo crucificado: para los judíos ciertamente tropezadero y para los gentiles locura; mas para los llamados, así judíos como griegos, Cristo poder [dunamis] de Dios y sabiduría de Dios. Porque lo insensato de Dios es más sabio que los hombres, y lo débil de Dios es más fuerte que los hombres.
—1 Corintios 1:21–25

Reflexión

La sabiduría de Dios infundida del Espíritu es con frecuencia muy diferente a la "sabiduría" del mundo. Jesús fue un maestro con una sabiduría profundamente sobrenatural, ofreciendo una intensidad espiritual que no puede igualarse a nada que nadie haya escuchado antes. A pesar de que dignatarios religiosos altamente educados con frecuencia trataron de hacer que se equivocara con sus preguntas y también rechazaron sus respuestas, Jesús habló y ejemplificó consistentemente el poder (*dunamis*) de la sabiduría de Dios.

Después de la muerte y resurrección de Jesús, la iglesia cristiana temprana creció. Habiendo proclamado ampliamente los evangelios, se encarceló a líderes como Pablo por hablar también de la sabiduría y verdad de Dios sobre los milagros y mensaje de Cristo crucificado. Cuando Pablo escribió su primera carta a la iglesia Cristiana Corintia, él incluyó las oraciones de las escrituras de hoy. Claramente, él quería que todos los seguidores de Cristo entendieran que buscar la sabiduría de Dios es superior a buscar la del mundo.

¿Qué es lo que te pasa a ti? ¿Tienes momentos en los cuales te sientes perdido o inseguro, aun cuando otros que te rodean te ofrecen su consejo personal con buenas intenciones sobre tus circunstancias o desafíos? Dios desea proporcionarnos la sabiduría inspirada en el *dunamis* del Espíritu para las situaciones que enfrentamos, la dirección en la que queremos ir y las decisiones que necesitamos tomar. El sendero para recibir la sabiduría de Dios es accesible a través de pasar tiempo reflexionando sobre las escrituras y a través de la oración, liberándote a ti mismo de tus propias creencias o consejos de los demás, y luego conectarte a Dios para pedir, escuchar y recibir.

Orar para pedir la sabiduría milagrosa de Dios no es buscar la solución fácil, un arreglo rápido o validación de lo que te parece lo más sensato en el ámbito terrenal. En su lugar, es pedir que hable el poder *dunamis* del Espíritu de Dios.

Guía

¿Estás más preparado en general para seguir tu propia "sabiduría" (o de alguien que conoces o hasta de la multitud), o estás acostumbrado a detenerte y mirar hacia el cielo, pidiéndole a Dios la sabiduría del dunamis del Espíritu? Si la sabiduría de Dios es diferente de la tuya, ¿Cuál has seguido con mayor frecuencia? ¿Por qué? Escríbelo aquí.

Mi oración de descubrimiento para el día de hoy

Dios, elimina todos los obstáculos de mis propias suposiciones para que el milagroso camino abierto de tu sabiduría colmada de *dunamis* pueda revelarse ante mí. Amén.

O crea tu propia oración de descubrimiento a continuación.

Oración de retención (para orar durante el día)

La sabiduría de Dios, no la mía . . .

Como el ave Fénix que se levantó de las cenizas, nosotros también
podemos levantarnos mientras descubrimos las formas de Dios de ser en
un mundo impulsado por el hacer.
—*Juanita Rasmus*

Día 14: Todo lo que necesitamos

Como todas las cosas que pertenecen a la vida y a la piedad nos han sido dadas por su divino poder [dunamis], mediante el conocimiento de aquel que nos llamó por su gloria y excelencia.
—2 Pedro 1:3

Reflexión

En el pasaje de la escritura de hoy, Pedro resume el *dunamis* como el don de "todas las cosas que pertenecen a la vida" mediante el conocimiento de Cristo. La palabra griega *zoe* utilizada en este versículo, traducida al español como "vida", se refiere específicamente al alma y al espíritu dentro de nosotros. Pedro nos recuerda que, si bien la vida terrenal es física y emocionalmente difícil, ya nos han brindado la fuerza de la resurrección y los recursos espirituales para prevalecer mientras seguimos a Jesús. El pasaje nos asegura que Dios ya nos ha dado todo lo que necesitamos espiritualmente para prosperar y superar nuestros problemas a través del poder *dunamis* del Espíritu.

El crecimiento y la madurez internos fomentados por el Espíritu, nunca se logran a través de nuestros propios intentos para estar a la altura de lo que nosotros creemos que son los estándares de Dios, o buscando con frecuencia inspiración en experiencias espirituales cargadas emocionalmente. Dios usa los reiterados fracasos de nuestros propios esfuerzos y el sentimiento de derrota y desilusión resultante para preparar nuestros corazones para recibir el "todo" del poder *dunamis* que por sí solo fomenta el crecimiento y la fe del Reino de Dios en nosotros.

¿Cómo saber si estás viviendo en el "todo" del *dunamis* del Espíritu? Pablo explica la evidencia que surgirá en el panorama de tu vida en Gálatas 5:22–23 como el fruto del Espíritu Santo que brotará dentro de nosotros: amor, gozo, paz paciencia, mansedumbre, benignidad, fe, templanza. Este fruto imperante y triunfador del *dunamis* manifestado en tu persona no puede autogenerarse. Se da como resultado de acoger el don creciente de la vida nueva en Cristo a la cual has sido llamado.

Guía

¿Recuerdas algún momento en tu vida en el que sentiste que, después de todo, el *dunamis* de Dios no te proporcionó "todas las cosas que pertenecen a la vida"? ¿Qué te pareció que te faltaba específicamente en ese momento? Reflexiona más a fondo sobre lo que sucedió después. ¿Qué es lo que el poder de Dios realmente te proporcionó, si es que no fue lo que habías pensado que necesitabas? Escríbelo aquí.

Mi oración de descubrimiento para el día de hoy

Dios, pon fin a mi creencia de que las bendiciones materiales representan tu "todo" para que la gloriosa realidad de lo que te refieres por "todo" me inunde. Amén.

O crea tu propia oración de descubrimiento a continuación.

Oración de retención (para orar durante el día)

Todo lo necesario . . .

Una realidad preocupante es que creyentes pueden estar profundamente comprometidos a ser cristianos sin que nunca hayan sido formados profundamente por Cristo.
—Rich Villodas

Día 15: A través de nuestras palabras

Y ni mi palabra ni mi predicación fue con palabras persuasivas de humana sabiduría, sino con demostración del Espíritu y de poder [dunamis], para que vuestra fe no esté fundada en la sabiduría de los hombres, sino en el poder [dunamis] de Dios.
—1 Corintios 2:4–5

Reflexión

En esta tercera semana del manual nos enfocaremos en varias actividades milagrosas del *dunamis* del Espíritu que se hacen evidentes cuando nos comprometemos a llevar una vida alimentada por la oración.

En el pasaje de ayer, señalamos lo que el apóstol Pablo denominó el "fruto del Espíritu" y lo define como las expresiones externas de crecimiento espiritual (Gálatas 5:22–23). Hoy analizaremos al mismo Pablo y cómo la actividad *dunamis* del Espíritu impregnó y transformó sus talentos naturales en una herramienta poderosa para obrar en el Reino de Dios.

En su vida anterior antes de su conversión a la fe, Pablo Se había vuelto un estudiante acérrimo de la ley judía. Hechos 22:3 Revela que Pablo incluso estudió bajo Gamaliel, uno de los mejores maestros de la época, quien ostentaba lo que equivaldría en la actualidad a un doctorado en derecho. Los eruditos bíblicos asumen que Pablo también alcanzó el mismo nivel educativo y que incluso podría haber superado a su antiguo maestro. Con su búsqueda insaciable por aprender y su amor por el debate, es probable que Pablo haya dominado el hebreo y el griego y posiblemente otros idiomas. Si bien se le conoció como un precursor del movimiento cristiano temprano, Pablo no era un bárbaro sin cerebro.

No obstante, después de que Pablo se encontró con Jesús en el camino a Damasco (Hechos 9), ninguno de sus reconocimientos intelectuales tuvo importancia. A medida que cultivó su fe, oración y aumentó su madurez espiritual, Pablo se dio cuenta de que ya no le importaba parecer intelectual o impresionar a las multitudes. Había entendido que sus propias palabras ilustradas y persuasivas, que tenían como intención convencer a otros intelectualmente sobre cualquier cosa, no tenían poder.

En cambio, Pablo confió solo en la actividad *dunamis* del Espíritu para difundir su discurso para que el poder de resurrección de Dios pueda dirigir a sus oyentes hacia la fe. A medida que aumentó su madurez espiritual mediante la oración entregada pidiendo que el *dunamis* del Espíritu obre a través de él en nombre del mensaje y la misión de Cristo, él se transformó. El orgullo por sus propios logros disminuyó, mientras que la obra milagrosa de Dios pasó al centro del escenario para él.

¿En cuanto a ti? ¿Te ves a ti mismo esforzándote arduamente para que los demás te escuchen y se impresionen con tus credenciales o, por el contrario, te sientes agradecido por lo que el *dunamis* del Espíritu está logrando a través de ti?

Guía

¿Dirías que usualmente tus palabras están motivadas por tus emociones (actitud defensiva, inseguridad, superioridad, crítica a los demás, deseo de ser la autoridad) o te ves a ti mismo reservando un espacio para que el *dunamis* del Espíritu de Dios te proporcione las palabras y la actitud que bendecirán y alentarán a los demás? Escríbelo aquí.

Mi oración de descubrimiento para el día de hoy

Dios, pon fin a mi deseo soberbio de parecer capaz, talentoso o competente ante los ojos de los demás, para que en su lugar pueda vivir el día de hoy sometido al poder de tu Espíritu que fluye a través de mis palabras y acciones. Amén.

O crea tu propia oración de descubrimiento a continuación.

Oración de retención (para orar durante el día)

No palabras, sino poder . . .

Gran parte de lo que llamamos "dificultades" es simplemente obediencia postergada.
—Elisabeth Elliot

Día 16: Por la vida eterna

Y Dios, que levantó al Señor, también a nosotros nos levantará con su poder [dunamis].
—1 Corintios 6:14

Una de las manifestaciones más infalibles del Espíritu Santo es el poder de traer a los muertos de vuelta a la vida. La misma potencia del poder de resurrección, demostrada cuando Dios resucitó del sepulcro a Jesús, continúa el día de hoy. Matrimonios, amistades, situaciones laborales, dinámicas familiares, circunstancias que se sienten, funcionan y parecen muertas pueden ser resucitadas milagrosamente a través del poder de resurrección de Dios adherido a nuestras oraciones.

El *dunamis* de resurrección de Dios está específicamente activo en todos los seguidores de Cristo a través de la promesa de vida eterna de Jesús. ¡Lo que sabemos sobre la vida en la tierra no es todo lo que hay! Recuerda lo que dijo en Juan 3:16: "Porque de tal manera amó Dios al mundo, que ha dado a su Hijo unigénito, para que todo aquel que en él cree, no se pierda, mas tenga vida eterna".

Profundicemos sobre esto. En el idioma griego de la época de Jesús, la palabra para "eterno" indicaba algo que nunca cesaría o tendría un fin. La palabra griega que Jesús usa aquí, *zoe*, que se traduce al español como "vida", en realidad se refiere a la vida de nuestra alma y espíritu. Jesús dejó en claro que recibir la nueva vida en Cristo trae consigo el poder de resurrección del Espíritu. Y, por lo tanto, cuando nuestro cuerpo terrenal muera, nuestra alma y espíritu continuarán, resucitados a través del *dunamis* de Dios, unidos completamente en su abrazo eterno.

El poder de Dios trasciende el tiempo y el espacio. Cuando morimos en Cristo, no pasamos de la vida a la muerte, sino de la muerte a la vida. Nosotros también seremos resucitados por el poder de Dios, al igual que Jesús.

Guía

Se ha dicho que, en Cristo, la muerte no es el descanso final, es el Gran Despertar. Dado el poder de resurrección del *dunamis* del Espíritu ¿Qué significa este enunciado para ti? Escríbelo aquí.

Mi oración de descubrimiento para el día de hoy

Dios, que el poder de resurrección de tu Espíritu traiga vida nueva a las siguientes situaciones o circunstancias que parecen "muertas" (nombrarlas aquí). Amén.

O crea tu propia oración de descubrimiento a continuación.

Oración de retención (para orar durante el día)

De la muerte a la vida . . .

Los lentes necesarios que dan forma a nuestro pensamiento sobre la vida requieren que eliminemos la división artificial entre la vida aquí en la tierra y la vida eterna. El mensaje de Jesús en los cuatro Evangelios es que el reino de los cielos está aquí presente.
—Arthur Jones

Día 17: Enfoque de fe

A fin de conocerle, y el poder [dunamis] de su resurrección, y la participación de sus
padecimientos, llegando a ser semejante a él en su muerte.
—Filipenses 3:10

Reflexión

¿Eres el tipo de persona que necesita una lista de cosas por hacer para mantenerte encaminado? O quizás te gusta hacer resoluciones todos los días de Año Nuevo. Tal vez tienes una lista de cosas que hacer antes de morir de cosas que quieres experimentar o lograr en el futuro, y cuando lo haces, publicas fotos en las redes sociales para que todos las vean. O, es posible que funciones de forma distinta y sea difícil para ti elaborar metas. Posiblemente te gustaría tener algunas, y quizás subconcientemente las tengas, pero no las verbalizas para el mundo.

La meta de toda la vida del apóstol Pablo fue simple y directa: "Quiero conocer a Cristo". Pablo tenía un único enfoque del cual no se desvió, sin importar lo que sucediese a su alrededor durante los principios de la iglesia o su propia persecución. Pablo sabía que el poder *dunamis* se encontraba en la única persona que había sido resucitada de la muerte: Jesús. Él se aferró a la misma promesa que nosotros, que nosotros también experimentaremos la resurrección milagrosa de la muerte física terrenal a la vida eterna del alma y el espíritu; pero en el camino, como Cristo, todos experimentaremos el sufrimiento.

Cuando Jesús oró al acercarse el final de su vida en la tierra en el Jardín de Getsemaní, esta fue una oración con un solo enfoque de entrega: "Dios, no se haga mi voluntad, sino la tuya". Desde una celda de prisión, Pablo escribió en su carta a los Filipenses, "Quiero conocer a Cristo". Pablo reconoció que el camino de sufrimiento para un seguidor de Cristo es una herramienta para que el *dunamis* del Espíritu nos moldee y nos haga madurar espiritualmente. Es a través de la pérdida, el rechazo, la crítica, las enfermedades físicas u otros escenarios difíciles, que se despojan las prioridades egoístas de dinero, prestigio o posesiones. Lo que es más valioso e importante espiritualmente se eleva hacia la cima.

Si tu camino de fe incluye temporadas de dificultad, comparte la confianza en Jesús de Pablo y de la "gran nube de testigos" en derredor nuestro (Hebreos 12:1). Ten la seguridad de que la provisión del poder milagroso del Espíritu es la fuente inagotable para perfeccionar y madurar tu enfoque de fe en, y a través, de cada capítulo de tu vida.

Guía

¿A veces, qué compite con tu fe en Cristo en cuanto a tu enfoque de tiempo, energía y prioridad ahora mismo? Recuerda una ocasión en la que experimentaste sufrimiento (problemas de salud, frustraciones en una relación, necesidades financieras u otras crisis). ¿Tu enfoque de fe se fortaleció mientras pasabas por esto y, de ser así, en qué manera? Escríbelo aquí.

Mi oración de descubrimiento para el día de hoy

Dios, que tu poder de resurrección se abra paso para brindar un nuevo enfoque de fe y significado para mí en medio de esta etapa, y también en la de aquellos que nombro ahora . . . Amén.

O crea tu propia oración de descubrimiento a continuación.

Oración de retención (para orar durante el día)

Quiero conocer a Cristo . . .

Cuando un tren atraviesa un túnel y todo se pone oscuro, tú no sueltas el boleto y saltas del tren. Te quedas sentado y confías en el maquinista.
—Corrie ten Boom

Día 18: Un nuevo espíritu

Porque no nos ha dado Dios espíritu de cobardía, sino de poder [dunamis], de amor y de dominio propio.
—*2 Timoteo 1:7 NKJV*

Reflexión

En su relación con su joven protegido Timoteo, Pablo modeló cómo se vería el vivir con un espíritu de poder y no un espíritu de cobardía.

Pablo tenía todas las razones para vivir con un espíritu de cobardía. Su segunda de dos cartas para Timoteo (el libro de la Biblia llamado 2 Timoteo) fue escrita desde una oscura y húmeda celda de prisión romana, justo antes de la muerte de Pablo. El emperador romano Nerón tenía a los residentes indignados y casi quemó la mitad de la ciudad de Roma. Los cristianos se convirtieron en un blanco conveniente para Nerón, quien los usó como chivos expiatorios. Pablo fue una de las personas capturadas en la persecución y fue decapitado por autoridades romanas poco después de haber escrito esta segunda carta de consejo pastoral.

Timoteo había sido un servidor fiel para Pablo desde que dejó su hogar para convertirse en un misionero asociado con él más de una década antes. Su relación fue casi como la de padre e hijo. Si eres aficionado de las películas, imagínate al Sr. Miyagi y Daniel-san en *Karate Kid*; los fans de *Star Wars* podrían recordar a Luke Skywalker y Obi-Wan Kenobi, o si te gustan las películas de *Rocky,* es como la relación entre Mickey y Rocky.

Desde su celda de prisión, Pablo enseñó y alentó a Timoteo mientras que Timoteo servía a la iglesia en Éfeso. Sus palabras eran audaces, incluso mientras enfrentaba su propia muerte inminente. Le advirtió a Timoteo que se mantuviera consciente de que cualquier espíritu de cobardía amenazante no provenía del Todopoderoso. Su enseñanza fue más bien acoger las bendiciones otorgadas a través del Espíritu Santo: el poder *dunamis*, el amor desinteresado (ágape) de Dios y una mente sana de fe. La historia reflexiona sobre que la actividad del Espíritu a través de los estilos de vida de Pablo y Timoteo de amor desinteresado y mentes autodisciplinadas les permitió a ambos demostrar y proclamar la historia de Dios al mundo. Cada uno de ellos eligió no dejar que el miedo o el desaliento triunfen, consuman su enfoque o que de otra manera limiten lo que es posible.

Guía

¿Qué tan fácil te abres a un espíritu de cobardía, y cuando lo haces, en qué medida esto afecta tu habilidad para amar desinteresadamente a otros o para mantener una mente sana de fe? Escríbelo aquí.

Mi oración de descubrimiento para el día de hoy

Dios, le digo no a todos los miedos y sí a tu poder *dunamis*, amor desinteresado y mente sana de fe. Amén.

O crea tu propia oración de descubrimiento a continuación.

Oración de retención (para orar durante el día)

Poder, amor y mente sana . . .

¿La oración en mis labios es realmente la oración de mi vida?
—*Andrew Murray*

Día 19: A través de la Escritura

Entonces respondiendo Jesús [a los saduceos], les dijo: "Erráis ignorando las Escrituras y el poder [dunamis] de Dios".
—Mateo 22:29

Reflexión

Cuando leemos sobre el poder *dunamis* de Dios en la escritura, a menudo es en el contexto de la actividad del Espíritu disponible o activo en las vidas de quienes siguen a Cristo. Sin embargo, en el pasaje de hoy, los saduceos, dignatarios religiosos educados de la época de Jesús, trataron de atrapar a Jesús en una discusión. Una de las creencias de los saduceos era que no hay resurrección de los muertos. Los saduceos incluso rechazaron el reino espiritual y cualquier cosa relacionada con lo angelical y demoníaco. En cambio, ellos se enorgullecían de ser una secta política y religiosa conformada por sacerdotes, esforzándose en el fariseísmo de ser personas de influencia.

¿Si Jesús estuviese presente en cuerpo físico en este momento, encontraría él a cristianos que se enorgullecen de ser personas morales que hacen buenas obras, pero con deficiencias en cuanto a fe real? Para algunos, el "Cristianismo" no es más que una prenda exterior que se ponen para aparentar en vez de ser una relación integral con Jesús que se arraiga en sus corazones. Y así como los saduceos, varios cristianos en la actualidad niegan o ignoran pasivamente la realidad del reino espiritual que vive con el *dunamis* del Espíritu, viéndolo como algo que pasó hace mucho tiempo atrás. No es de sorprender que muchos consideren que el Cristianismo ya no tiene poder.

Cuando Jesús respondió a los saduceos en este testimonio documentado por Mateo, primero él señaló que ellos no conocían las Escrituras o el poder *dunamis* de Dios. ¡Qué forma clara y específica que tenía Jesús para identificar los dos componentes necesarios para transformar la "fe" de una conducta farisaica moral a una aventura llena de milagros siguiéndolo a él!

¿Qué tan bien conoces personalmente tanto las Escrituras como el *dunamis* del Espíritu de Dios moviéndose y manifestándose de forma activa en y a través de ti? El leer y reflexionar sobre la palabra de Dios (escritura) es esencial. No solo para informarte, sino también porque sentar las bases para nuestra transformación espiritual cuando se empareja con la oración de descubrimiento pidiendo que se abran ante ti las posibilidades alimentadas por el *dunamis* del Espíritu. Estas son tus herramientas principales para pasar de solo las afirmaciones intelectuales de tu fe a vivir un estilo de vida vibrante que te exponga aún más al poder explosivo del Espíritu.

Guía

¿Qué percibiste, sentiste, experimentaste y comprendiste mientras leías sobre los saduceos y la respuesta de Jesús a ellos? ¿Qué podría decirte Jesús en este momento? Escríbelo aquí.

Mi oración de descubrimiento para el día de hoy

Dios, despiértame de mi "sueño espiritual" mientras leo tu escritura, para estar despierto espiritualmente y atento en la oración a lo que el *dunamis* de tu Espíritu desea hacer en y a través de mí. Amén.

O crea tu propia oración de descubrimiento a continuación.

Oración de retención (para orar durante el día)

Escritura más el poder de Dios . . .

No realices el concierto primero y después recién afines el instrumento. Empieza el día con la Palabra de Dios y la oración, y antes que nada ponte en armonía con [Cristo].

—Hudson Taylor

Día 20: La cruz

Porque la palabra de la cruz es locura a los que se pierden; pero a los que se salvan, esto es, a nosotros, es poder [dunamis] de Dios.
—1 Corintios 1:18

Reflexión

Los collares, pendientes, pulseras, anillos, camisetas y tatuajes que muestran la cruz sobre la que Jesús fue crucificado son vestuarios populares en todos los grupos de edad en nuestro país. Algunos perciben el llevar el símbolo de la cruz como una representación llena de gratitud hacia nuestra nueva vida perdonada, empoderada por la actividad milagrosa del *dunamis* del Espíritu para un futuro lleno de esperanza y posibilidad. A otros les puede gustar el simbolismo de la cruz por razones completamente diferentes.

Sin embargo, el símbolo de la cruz tuvo un significado muy particular durante la época de Jesús en la tierra: la muerte, y de la forma más atroz. Para hacerlo lo más humillante posible, los criminales tenían que acarrear sus propias cruces a sus ejecuciones.

Jesús les dijo a sus discípulos con anticipación, "Si alguno quiere venir en pos de mí, niéguese a sí mismo, y tome su cruz, y sígame. Porque todo el que quiera salvar su vida, la perderá; y todo el que pierda su vida por causa de mí, la hallará. Porque ¿qué aprovechará al hombre, si ganare todo el mundo, y perdiere su alma?" (Mateo 16:24–26). La frase de Jesús "tome su cruz" fue y es una invitación al sometimiento pleno, muerte a tu yo anterior para recibir la nueva vida de Cristo y para seguirlo completamente, a través de la muerte terrenal y hacia la vida eterna. Decir que sí a esta invitación requiere someterse a lo que sabes que son las prioridades de Cristo (en lugar de tus propios deseos y preferencias) en cada aspecto de tu tiempo, dinero, relaciones, posesiones y planes. Ten la certeza que lo que recibas de vuelta será incomparable.

La próxima vez que uses (o veas) el símbolo de la cruz, pregúntate si la estás viendo como una representación de las bendiciones que deseas o has recibido del Todopoderoso, o si simboliza tu propia decisión implacable de seguir entregando todo activamente mientras sigues a Jesús. El verdadero mensaje de la cruz es de hecho la locura para aquellos sin fe o para aquellos cuya búsqueda predominante es reducir el estrés y vivir una vida despreocupada, libre de dolor y enfocada en uno mismo. Pero para aquellos que han dicho que sí a la invitación de Jesús, ustedes experimentarán diariamente el mensaje de la cruz a través de la actividad de la fuerza de resurrección del *dunamis* del Espíritu de Dios que provee y hace que todas las cosas sean posibles.

Guía

Cuando ves el símbolo de la cruz (en joyería, en vestimenta, en la iglesia), ¿qué es lo primero que te viene a la mente: las bendiciones que Dios te ha dado? ¿O ves la cruz como una invitación a tu propio sometimiento espiritual, pidiendo con la oración descubrimientos que te liberen para seguir más plenamente a Jesús? ¿O algo más? Escríbelo aquí.

Mi oración de descubrimiento para el día de hoy

Dios, abre cada puerta de mi mente y mi corazón que he mantenido firmemente cerrada o bloqueada por mis propios intereses, miedos o procrastinación. Que la actividad *dunamis* de tu Espíritu se abra paso, me llene y me transforme completamente mientras te sigo plenamente. Amén.

O crea tu propia oración de descubrimiento a continuación.

Oración de retención (para orar durante el día)

El mensaje es poder . . .

No hay portadores de coronas en el cielo que no fueran portadores de la cruz aquí abajo.
—Charles Spurgeon

Día 21: Grito de guerra

Y no nos metas en tentación, mas líbranos del mal; porque tuyo es el reino, y el poder [dunamis], y la gloria, por todos los siglos. Amén.
—Mateo 6:13 NKJV

Reflexión

Ciertas canciones simplemente se quedan metidas en tu cabeza. Si eres padre o madre, es posible que te encuentres cantando rimas infantiles o las canciones temáticas de programas infantiles que has memorizado tras escucharlas repetidamente. A veces, con esas canciones en tu cabeza, comienzas a pensar en las palabras de manera diferente y te das cuenta del mensaje que la canción realmente te está comunicando.

Esto también sucede cuando elegimos sumergirnos en las Escrituras. A lo mejor hay ocasiones en el día a día en que la actividad *dunamis* del Espíritu Santo podría traer a la mente un versículo o pasaje familiar con el propósito de motivarte en una situación. Tal pasaje o versículo incluso puede convertirse en tu escudo y fortaleza en la batalla espiritual.

Desde el principio de su historia, la iglesia de Jesucristo ha utilizado universalmente la oración que Jesús enseñó a sus discípulos (que se encuentra en Mateo 6:9–13) a la que nos referimos como la Oración del Señor. Esta oración la memorizan niños y adultos y reafirma el poder *dunamis* y el reino de Dios como nuestra eterna fuente milagrosa. De hecho, Mateo 6:13 es más que la última frase de la oración. ¡Es una declaración, nuestro "grito de guerra" del poder y la victoria supremos de Dios!

Cristo nos promete una vida nueva y abundante siguiéndole, como lo describió en Juan 10:10 y esto no significa solo un tipo de experiencia "sobreviviendo". Repite la escritura de hoy como tu grito de guerra espiritualmente victorioso cada vez que necesites afirmar que la actividad *dunamis* del reino de Dios puede superar lo que podría parecer insuperable dentro de ti (miedo, ansiedad, quebrantamiento, desaliento, cansancio, fatiga) o ante ti (problemas, desafíos, decepciones, cambios).

Guía

¿Hay algún pasaje o versículo de la Biblia que a menudo llegue a tu mente o que alguna vez haya sido como un escudo espiritual o un grito de guerra para ti? Anótalo aquí, o si deseas elegir el versículo de hoy (o cualquier otro) para usarlo para esto, también anótalo aquí.

Mi oración de descubrimiento para el día de hoy

¡Dios, elimina cualquier fatiga, cansancio, o cualquier otra cosa que parezca insuperable en mi fe y surge a través de mi espíritu de nuevo con un grito de guerra celebrando tu reino milagroso y poder *dunamis*! Amén.

O crea tu propia oración de descubrimiento a continuación.

Oración de retención (para orar durante el día)

Tuyo es el Reino y el poder . . .

Existe un mundo inmaterial, una realidad espiritual, que solo podemos comenzar a entender mediante la fe. El Espíritu Santo nos da acceso a un nivel de comprensión completamente diferente.
—Len Wilson

Día 22: No me avergüenzo

Porque no me avergüenzo del evangelio, porque es poder [dunamis] de Dios para salvación a todo aquel que cree; al judío primeramente, y también al gentil.
—Romanos 1:16

Reflexión

El tema de nuestra última semana abarca cómo asumir una "postura espiritual" que posibilite tu mejor capacidad para convertirte en un recipiente para el *dunamis* del Espíritu que trabaja en y a través de ti. Comenzaremos primero con la postura espiritual de nuestra valentía.

Según la revista *Christianity Today*, Nigeria es uno de los quince países más peligrosos del mundo en los que seguir a Jesús. En Nochebuena de 2020, terroristas islámicos allanaron un pequeño pueblo nigeriano y secuestraron al pastor cristiano Bulus Yikura. Lo retuvieron buscando un rescate durante dos meses y sus captores anunciaron que sería ejecutado si no pagaban. La aterradora historia se esparció rápidamente y circuló por los medios de comunicación del mundo.

Cuando lo obligaron a hacer videos como rehén, el Pastor Yikura convirtió su tiempo frente a la cámara en una oportunidad para compartir su testimonio cristiano. Milagrosamente, solo unas horas antes de la ejecución programada por su fe, él recibió la inesperada noticia de que había sido liberado y fue devuelto a su familia agradecida.

El Pastor Yikura hizo eco de las palabras del apóstol Pablo en su testimonio como rehén: él no se avergonzó del evangelio debido a su poder (*dunamis*) para traer la salvación a todos los que creen. Pablo escribió el libro de Romanos y la mayoría de sus cartas del Nuevo Testamento mientras esperaba su juicio y, finalmente, estando condenado a muerte. Tanto Pablo como el Pastor Yikura conocían y habían experimentado personalmente el *dunamis* de Dios. Este poder los ayudó a enfrentar la muerte con gracia sobrenatural y también a hablar sobre las buenas nuevas de Jesús con valentía

¡Recuerda, como seguidor de Cristo tú también tienes el mismo *dunamis* del Espíritu! No hay necesidad de avergonzarse del evangelio, de tener miedo de compartir honestamente tus historias de Dios con otros o de dar valientes pasos de fe. El testimonio desinhibido de tu fe y las oraciones de descubrimiento causan un efecto en cadena. Esto se multiplica por el Espíritu mucho más allá de lo que jamás conocerás, expandiéndose a lo largo del tiempo y hacia otras vidas que necesitan redención, sanación y esperanza.

Guía

¿Las personas a tu alrededor (amigos, familiares, compañeros de trabajo, vecinos y otros) son conscientes de tu fe en Cristo y que crees que la oración hace una diferencia? Si es así, ¿es esto porque has compartido historias sobre cómo Dios te ha guiado, orientado o bendecido, o has compartido historias sobre oraciones respondidas con ellos? Saber que vas a la iglesia no es lo mismo que saber sobre tu fe. Escríbelo aquí.

Mi oración de descubrimiento para el día de hoy

Dios, pon fin a mi indecisión y concédeme la valentía del *dunamis* de tu Espíritu en momentos en los que quiero evitar compartir mi historia de fe en ti con otros o sobre tus respuestas a mis oraciones. Amén.

O crea tu propia oración de descubrimiento a continuación.

Oración de retención (para orar durante el día)

No me avergüenzo . . .

Resolución uno: viviré para Dios.
Resolución dos: Si nadie más lo hace, aun así, lo haré.
—Jonathan Edwards

66

Día 23: Siervo vs. voluntario

De este evangelio yo fui hecho siervo por el don de la gracia de Dios que me ha sido dado según la operación de su poder [dunamis].
—Efesios 3:7

Reflexión

Una y otra vez en sus escritos, el apóstol Pablo se llamó a sí mismo un siervo. Y él tenía claro que las labores que desempeñaba como siervo de Cristo no eran por su propio poder humano, sino a través de la operación del *dunamis* de Dios.

La palabra griega que se traduce como "siervo" en el versículo de hoy se usó en la época de Pablo para referirse a alguien que llevaba a cabo las órdenes y deseos de su amo, y Pablo sabía que servía al Maestro más grande de todos. Por este motivo, Pablo consideró que todo su tiempo y recursos estaban a la discreción divina de lo que sea necesario para compartir y establecer el evangelio. El comportamiento de Pablo no era el de un ciudadano privado que donaba su tiempo para el servicio religioso cada vez que tenía un momento conveniente. En cambio, Pablo sirvió con todo lo que tenía, con todo lo que era, siempre y de todas maneras confiando en la eficacia del poder de resurrección del *dunamis* para fluir a través de él.

El crecer en cuanto a madurez espiritual es un viaje que inevitablemente te llevará a hacer el mismo cambio que Pablo en la comprensión de lo que significa servir al evangelio de Cristo. Con frecuencia, se siente bien cuando te ofreces como voluntario para ayudar a otros, para ofrecer alimentos o vestimenta, o para ayudar a construir o reparar una casa para una familia. Se siente bien brindar una hora adicional como voluntario en la iglesia o cantar en el coro durante el servicio de adoración. Los regalos como estos de tu tiempo libre adicional sí hacen la diferencia. No obstante, la identidad y la orientación genuinas de un seguidor de Cristo es convertirse en un servidor de toda la vida, dispuesto a servir a voluntad del Maestro celestial cuando sea que lo indique con todo lo que tienes y eres. Esto es lo que potencia al *dunamis* del Espíritu en ti a una magnitud que nunca creíste posible.

¿Te estás conteniendo, de alguna manera temeroso de que Dios te obligue a convertirte en un adicto al trabajo del reino que eventualmente se cansa, descuida su vida familiar, ignora su cuidado personal y abandona su tiempo esencial de oración devocional diaria? Por supuesto que no. Cuando reconoces que Dios es el administrador confiable de tu nueva vida en Cristo y aceptas el poder del Espíritu Santo, descubrirás que la identidad saludable de un siervo, accionada por el *dunamis*, alinea cada aspecto de tu vida con las prioridades de amor y crecimiento de Cristo. En lugar de desear un mejor "equilibrio" en la vida, cuenta con que el *dunamis* del Espíritu le dé a tu llamado a servir una hermosa integración de paz, productividad y amor.

Guía

Teniendo en consideración las diferencias entre un *servidor* y un *voluntario*, ¿cuál probablemente te describe mejor en este momento? ¿O vacilas entre estos dos? De ser así, ¿Puedes pensar en detalles específicos? Escríbelo aquí.

Mi oración de descubrimiento para el día de hoy

Dios, elimina mis bastiones de egoísmo para que pueda cambiar a la servidumbre desinteresada del *dunamis* para ti. Amén.

O crea tu propia oración de descubrimiento a continuación.

Oración de retención (para orar durante el día)

El poder de Dios para servir . . .

La forma en la que podemos dar todo de nosotros a Dios con gozo y alegría es entregándonos con un corazón lleno de gratitud por todo lo que Dios nos ha dado primero.
—Kent Millard

Día 24: Listo para la batalla

Por lo demás, hermanos míos, fortaleceos en el Señor, y en el poder [dunamis]de su fuerza. Vestíos de toda la armadura de Dios, para que podáis estar firmes contra las asechanzas del diablo. Porque no tenemos lucha contra sangre y carne, sino contra principados, contra potestades, contra los gobernadores de las tinieblas de este siglo, contra huestes espirituales de maldad en las regiones celestes.
—Efesios 6:10–12

Reflexión

Si alguna vez has servido en el ejército, sabes que todo el entrenamiento prepara a los reclutas para la batalla, independientemente de si se enfrentan a un despliegue de combate activo durante sus carreras. El trabajo de los instructores militares es preparar a los civiles para que estén listos para la batalla (ya sea como infantes de marina, aviadores de la fuerza aérea, soldados del ejército, marinos de la armada, guardianes de la fuerza espacial o guardacostas). ¡Esa no es una tarea fácil de lograr en solo nueve a doce semanas en el campo de entrenamiento! Sin embargo, todos aquellos que están dispuestos, listos y disponibles y que se entregan al proceso experimentarán la transformación. Ellos estarán listos para la batalla.

Pablo usó la metáfora de prepararse espiritualmente para la batalla cuando escribió el mensaje del pasaje de hoy para los cristianos que deseaban crecer en su fe. Las batallas que Pablo tenía en mente eran en contra de lo que él nombró las "asechanzas del diablo". Jesús llamó al diablo el Padre de las Mentiras, nuestro enemigo. Satanás, el diablo, es descrito en la Biblia como el Maligno que dirige a las "fuerzas de la oscuridad" que están rampantes alrededor y en contra de nosotros.

El objetivo de la oscuridad del maligno es disuadir, desalentar, tentar y finalmente ganar a los seguidores de Cristo hacia un camino egoísta de destrucción. La urgencia de Pablo era para que los cristianos estén conscientes y "se pongan toda la armadura de Dios" con el propósito de resistir las tácticas del maligno de miedo, preocupación y distracción, para mantener su enfoque en seguir a Jesús. Lee la descripción completa de Pablo de la armadura de Dios que se encuentra en Efesios 6:10–17 para tu conocimiento y aliento.

¿Alguna vez has sentido que has estado en una batalla espiritual, que tu espalda está contra la pared y el Maligno te tiene rodeado? Puede que aún te sientas fatigado y cansado de la batalla. La metáfora de Pablo en Efesios 6 es un recordatorio de que somos como soldados entrando en una batalla espiritual. La única manera de clamar victoria es manteniéndose fuerte en el inmenso poder *dunamis* del Señor. Pídele a Dios terquedad espiritual y recuerda seguir entregándote al *dunamis* del Espíritu de Dios que puede prevalecer y prevalecerá.

Guía

Jesús permaneció espiritualmente listo para la batalla y nosotros también podemos estarlo. Analiza detenidamente Efesios 6:10–17. ¿En qué parte(s) de la armadura de Dios te necesitas enfocar para comprender e implementar en tu fe? Escríbelo aquí.

Mi oración de descubrimiento para el día de hoy

Dios, disipa mi actitud casual sobre seguir a Jesús y que el *dunamis* de tu Espíritu me motive a alistarme en cualquier entrenamiento espiritual que necesite para estar listo para la batalla en tu nombre. Amén.

O crea tu propia oración de descubrimiento a continuación.

Oración de retención (para orar durante el día)

Sé fuerte en el Señor . . .

Mientras dejemos que la Palabra de Dios sea nuestra única armadura,
podremos mirar con confianza hacia el futuro.
—Dietrich Bonhoeffer

Día 25: Preparado para la carrera

. . . fortalecidos con todo el poder [dunamis], conforme a la potencia de su gloria, para toda paciencia y longanimidad.
—*Colosenses 1:11*

Reflexión

En el día 6 de esta guía, recordarás que nuestro enfoque estaba en la "capacitación para la espera" espiritual. El pasaje de hoy es un versículo de una oración que Pablo escribió a los seguidores de Cristo en la iglesia temprana en Colosas. Su énfasis en la oración era pedir que el *dunamis* del espíritu de Dios les proporcione fuerza que se haría evidente no solo en su disposición para ser pacientes. Él también oró por su resistencia, una palabra en el griego original que infería perseverancia, firmeza y constancia.

¿Alguna vez has entrenado para cualquier tipo de carrera? Ya sea que hayas corrido tú mismo o hayas sido un espectador, probablemente has observado que cuando los competidores corren, deben confiar en su preparación y entrenamiento para mantener su ritmo. El día de la carrera es evidente quién no tuvo un adecuado entrenamiento previo. Incluso los corredores que a menudo se han preparado tratan de correr junto a un corredor que "marque el ritmo" que haya entrenado bien porque les ayuda a igualar el ritmo constante del otro y a desempeñarse a lo mejor de su capacidad.

Recuerda la descripción de la carrera espiritual que se encuentra en Hebreos 12:1–2: "Por tanto, nosotros también, teniendo en derredor nuestro tan grande nube de testigos, despojémonos de todo peso y del pecado que nos asedia, y corramos con paciencia la carrera que tenemos por delante, puestos los ojos en Jesús, el autor y consumador de la fe".

73

La perseverancia paciente, cuando te entregas a la preparación por el *dunamis* sobrenatural de Dios, te permite correr la carrera o el camino fijado frente a ti equipado con la resistencia espiritual que requerirá. Afortunadamente, siempre puedes mantener tus ojos en Jesús como quien marca el ritmo.

Guía

¿Alguna vez has escuchado la expresión de que debes correr tu carrera espiritual "al ritmo de la gracia de Dios"? A medida que reflexionas sobre este enunciado, ¿qué significado o aliento encuentras en él? Escríbelo aquí.

Mi oración de descubrimiento para el día de hoy

Dios, elimina cualquier falta de autodisciplina espiritual en mí para que surja una nueva voluntad para desarrollar resistencia espiritual. Amén. O crea tu propia oración de descubrimiento a continuación.

Oración de retención (para orar durante el día)

Dunamis, resistencia y paciencia . . .

No es la oración la que es extenuante, sino la superación de nuestra propia pereza.
—Oswald Chambers

Día 26: Mi debilidad

Y me ha dicho: "Bástate mi gracia; porque mi poder [dunamis] se perfecciona en la
debilidad". Por tanto, de buena gana me gloriaré más bien en mis debilidades, para
que repose sobre mí el poder [dunamis] de Cristo. Por lo cual, por amor a Cristo me
gozo en las debilidades, en afrentas, en necesidades, en persecuciones, en angustias;
porque cuando soy débil, entonces soy fuerte.
—2 Corintios 12:9–10

Reflexión

Hudson Taylor, misionero cristiano británico y eventualmente fundador de la misión China Inland Mission, siguió el llamado de Dios a los veintiún años a un país y personas que conocían poco, y no acogían, las buenas nuevas de Jesús. Como el apóstol Pablo, Taylor se hizo conocido por poner la oración continua como primaria y pedirle al Espíritu que libere el poder *dunamis* en y a través de cada circunstancia y necesidad. Cuando murió en 1905, después de cincuenta y un años en China, él dejó allí un legado de dieciocho mil conversiones cristianas más un equipo de trabajo activo de ochocientos misioneros en todo ese país.

Este inspirador historial de servicio se logró a lo largo de toda una vida que también estuvo llena de desafíos personales, incluyendo enfermedades repetidas y colapsos físicos, catástrofes, desastres, duelos, rechazo, además de la falta periódica de recursos financieros y la escasez de colegas. ¿Cómo pudo haber sido posible tal eficacia misionera? Una vez, Taylor le comentó a un amigo que sus mayores bendiciones espirituales habían llegado a él en relación con sus diversas enfermedades o como fruto espiritual directo de algún colapso físico al que fue llamado a enfrentar.

Vuelve a leer los versículos de la escritura de hoy y reflexiona de nuevo sobre la explicación de Pablo. Cuando y en cualquier forma que eres humanamente débil, Dios usa esos momentos como un medio a través del cual hacer fluir el poder sobrenatural para que a partir de tu debilidad te fortalezcas. Las ocasiones de dificultades son la oportunidad ideal para que el poder de Dios haga algo extraordinario en ti y a través de ti. Ahora piensa sobre cualquier dificultad o desafío que puedas estar enfrentando y si los has considerado como obstáculos o si, como Pablo y Hudson Taylor, es mejor que cambies a verlos como medios para las bendiciones espirituales a través del poder *dunamis* de Dios.

Guía

¿En qué áreas te sientes más débil o vulnerable? Nómbraselas a Dios y pide el poder *dunamis* del Espíritu para hacer, trabajar y lograr más allá de lo que puedas manejar tú mismo. Escríbelo aquí.

Mi oración de descubrimiento para el día de hoy

Dios, reforma mi perspectiva sobre cualquier desaliento o fracaso personal para que en su lugar lo vea como una ventana a través de la cual pueda brillar tu fuerza y poder de resurrección *dunamis*. Amén.

O crea tu propia oración de descubrimiento a continuación.

Oración de retención (para orar durante el día)

Donde soy débil, Dios es fuerte.

El Espíritu Santo siempre está obrando en el mundo y en la iglesia,
independientemente de los problemas que enfrentamos y de la oscuridad
que parece prevalecer.
—Pete Bellini

Día 27: Capacidad de esperanza

Y el Dios de esperanza os llene de todo gozo y paz en el creer, para que abundéis en esperanza por el poder [dunamis] del Espíritu Santo.
—Romanos 15:13

Reflexión

Es posible desarrollar una "mentalidad de escasez" sin siquiera ser consciente de ello, incluso si eres cristiano. Antes de que te des cuenta, puedes caer en el hábito de siempre pensar o comentar sobre lo que falta, lo que tú u otros no tienen suficiente o como nunca hay suficiente de algo para todos. Una mentalidad de escasez puede incluso filtrarse en tu vida de fe cuando comienzas a quejarte constantemente con otros de que Dios no proporcionó lo suficiente o no hizo lo suficiente de acuerdo con lo que solicitaste. Eventualmente, una mentalidad de escasez espiritual afecta de forma adversa tu imagen del poder del Todopoderoso, de modo que tu fe se siente desesperanzada. Entonces tu desesperanza comienza a influir y a reproducirse negativamente en la fe de aquellos a tu alrededor.

En el pasaje de hoy, Pablo expresó la verdad real sobre la naturaleza generosa del poder *dunamis* del Espíritu en su vida y ministerio. Él había experimentado personalmente su actividad milagrosa de abundancia repetidamente en circunstancias difíciles que habían presentado escasez de seguridad, alimentos, apoyo, amistad y finanzas. ¡Ninguna mentalidad de escasez espiritual para Pablo!

En su lugar, Pablo describió a nuestro Dios de esperanza y expectativa como capaz de llenarnos plenamente, hasta la medida completa (como indica la palabra original en griego, con gozo y paz, incluso cuando avanzamos con confianza para la provisión de Dios. Pablo agregó que el resultado de nuestra confianza, a través del *dunamis* del Espíritu, es que nos desbordaremos con el poder milagroso de la esperanza. El poder *dunamis* de la esperanza se derramará de nosotros y salpicará a nuestro alrededor a todo y todos mediante nuestras palabras y comportamiento. La esperanza no viene de decidir que tenemos suficiente, sino más bien a través de la expectativa de que Dios, que siempre proporciona más de lo que podemos pedir, pensar o imaginar, proveerá lo que más importa para los propósitos divinos de Cristo a través de nosotros.

Guía

¿Dirías que sostienes más una mentalidad de escasez o una mentalidad de esperanza cuando se trata de cómo ves lo que te está sucediendo a ti y a los demás? Escríbelo aquí.

Mi oración de descubrimiento para el día de hoy

Dios, atraviesa mis deseos egoístas y mis peticiones de bendiciones. Que encuentre libertad para permitirte desbordarme de esperanza y expectativa por tu provisión abundante. Amén.

O crea tu propia oración de descubrimiento a continuación.

Oración de retención (para orar durante el día)

Desbordamiento de esperanza . . .

Dios es el único que puede hacer del valle de la angustia una puerta de esperanza.
—Catherine Marshall

Día 28: Sustento

El Hijo, siendo el resplandor de su gloria, y la imagen misma de su sustancia, y quien sustenta todas las cosas con la palabra de su poder [dunamis], habiendo efectuado la purificación de nuestros pecados por medio de sí mismo, se sentó a la diestra de la Majestad en las alturas.
—Hebreos 1:3

Reflexión

Las redes sociales son el típico lugar donde se publican fotos de celebración de recién nacidos, a menudo con comentarios de observación periodística de que el pequeño milagro "se parece" a papá, mamá u otro pariente. ¿Alguna vez te han dicho que te pareces a uno de tus padres o tal vez que uno de tus propios hijos es la imagen misma de ti?

El autor del libro de Hebreos tomó la misma actitud al explicar en el pasaje de hoy que "El Hijo es . . . la imagen misma de su sustancia [de Dios]". En el idioma griego original, tal como fue escrito, la palabra traducida al español como "imagen misma" se usaba con frecuencia en esa época para describir el tallado, estampado o grabado de una imagen exacta. El autor quería que entendiésemos que el parecido familiar de Cristo con Dios Padre es preciso. Y si la nueva vida de Cristo está viva en nosotros, también llevamos ese linaje familiar. Al entregarnos mediante la oración, el *dunamis* del Espíritu de Dios está obrando, haciendo madurar y cincelando viejos comportamientos, prioridades y pensamientos que no son de la semejanza de Cristo, para que nosotros también podamos brillar con el resplandor de Dios. ¡Este es el camino de la fe!

Lee de nuevo el pasaje de hoy. También contiene una nota de tranquilidad para los momentos en los que te puedes sentir cansado o desanimado, dudoso de si estás progresando en tu crecimiento espiritual. Es a través del poder *dunamis* del Espíritu que todo es "sostenido", la palabra griega usada originalmente también se traduce al español como "mantener, llevar la carga, ser movido hacia adelante". Incluso cuando te sientes incapaz o imposibilitado, el *dunamis* del Espíritu te sostiene, te carga y trabajan en y a través de ti más allá de lo que puedas imaginar. Este es un aspecto milagroso de nuestro ADN familiar en Jesucristo.

Cuando finalices este experimento de la guía de 28 días de oración de descubrimiento, puedes continuar con tus prácticas diarias de ...

- lectura y reflexión sobre las escrituras,

- oración, pidiéndole a Dios que atraviese de nuevo, abriendo puertas a nuevas posibilidades y crecimiento espiritual,

- dar pasos audaces de entrega y transformación, y

- servidumbre a otros mediante demostraciones del amor desinteresado de Cristo.

¿Y la mejor parte? A medida que continúes con estas prácticas, a través del sustento del *dunamis* del Espíritu, tu semejanza familiar con Jesús se manifestará cada vez más. La semejanza con Cristo dentro de ti brilla no por imitación, sino porque vive en ti. ¡Deja que el poder *dunamis* del Espíritu viva en ti plenamente!

Guía

Considera el grado de tu anhelo por madurar más en tu semejanza familiar con Jesús, ¿qué podría sentar las bases para un encuentro frecuente más cercano y personal con Dios que lo que has practicado hasta ahora? Escríbelo aquí.

Mi oración de descubrimiento para el día de hoy

Dios, derrumba mi tendencia a ignorar tu presencia viva en cada detalle de mi vida y lléname de nuevo con una actitud de bienvenida y apertura a tu Espíritu de *dunamis*. Amén.

O crea tu propia oración de descubrimiento a continuación.

Oración de retención (para orar durante el día)

Dios es mi sustento . . .

La formación cristiana no es solo cuestión de internalizar las palabras de la Biblia. Para que ocurra una verdadera formación, debemos encontrar a Cristo cada vez más profundamente a través del poder del Espíritu Santo.
—David Watson

Continúa tu camino

Veintiocho días experimentando cómo el Espíritu Santo puede abrirse paso para darte una vida más poderosa! ¡Felicitaciones!

No obstante, este experimento de 28 días con la oración de descubrimiento no es el final, recién es el comienzo:

- el comienzo de una nueva etapa siguiendo a Cristo con conciencia y entrega al poder milagroso de resurrección de Dios, activo en todos los aspectos de tu vida práctica y espiritual

- el comienzo de una relación personal más profunda con el Espíritu Santo para que puedas seguir avanzando en el reconocimiento de la actividad y conducción del Espíritu

- el inicio (o fortalecimiento) de tu práctica añadiendo la oración de descubrimiento a tus comunicaciones diarias con Dios y permitiendo que la "dinamita" del dunamis del Espíritu te transforme a ti y a tus circunstancias

- del nuevo hábito de incorporar las oraciones de retención de las escrituras a lo largo de tu día para ayudar a mantenerte espiritualmente enfocado en el Todopoderoso, no solo hacia adentro en tus propios deseos y agenda

Y ahora, esta guía de *Oración Dinamita* con anotaciones de tus propias reflexiones diarias y oraciones de descubrimiento puede convertirse en tu guía de oración *dunamis* de por vida. Siempre que sientas la necesidad de, por ejemplo, estar listo para la batalla, puedes ir a la tabla de contenidos para guiarte a la entrada, la oración de descubrimiento y la oración de retención de ese día para reconectarte con el *dunamis* de la sabiduría de Dios, para reenfocarte en lo que significa servir o lo que necesites.

Echa un vistazo a más recursos, historias e ideas para participar en una vida de oración más profunda y significativa en dynamiteprayer.com y ¡publica tus propias historias sobre la intervención milagrosa de Dios en tu vida para compartir con otras personas e inspirarlos!

Y, como siempre, comunícate con nosotros en cualquier momento. Estamos orando por ti y nos encantaría orar contigo en persona o en nombre de lo que esté en tu corazón.

Rosario Picardo (rpicardo@united.edu)

Sue Nilson Kibbey (snkibbey@united.edu)

Epílogo

En el Prólogo de este libro devocional, la Dra. Rosario Picardo describió la oración de descubrimiento teniendo como visión el retiro en el Seminario Teológico Unido, que fue dirigido por la Reverenda Sue Nilson Kibbey. La reverenda Kibbey animó a todos los participantes del retiro a orar la siguiente oración de descubrimiento diariamente durante seis semanas antes de nuestro retiro en febrero de 2020: "Dios milagroso de los descubrimientos, habla, muestra e inspíranos a donde nos guía tu espíritu a continuación para el Seminario Teológico Unido. Abre las puertas para dejar pasar una nueva etapa de creatividad, lealtad y productividad en el nombre de Jesús. Y juntos concédenos valentía, coraje y poder sin límites para atravesar las puertas que abres. En el nombre de Cristo. Amén".

Alentamos a unos noventa administradores, profesores, estudiantes, ex-alumnos y personal a orar con esta oración diariamente antes del retiro.

Básicamente, le estábamos pidiendo a Dios a través del Espíritu Santo que nos guie para entender que no se trata de lo que cualquiera de nosotros quiere individualmente, sino de lo que Dios quiere que hagamos en el futuro: "No se haga mi voluntad, sino la tuya".

Y Dios ha sido fiel en continuar respondiendo a esa oración de descubrimiento.

Una de las ideas que surgieron a través del retiro fue que Dios abriría nuevas puertas a asociaciones con otros grupos religiosos para programas educativos de seminario que satisfagan las necesidades de la organización religiosa.

Y Dios ha sido fiel en responder a esa oración. Desde nuestro retiro "No se haga mi voluntad, sino la tuya" en 2020, Dios nos inspiró a desarrollar Casas de Estudio para apelar a necesidades específicas: la Casa de Estudio Fresh Expressions, la Casa de Estudio Mosaix para desarrollar congregaciones multirraciales, una Casa de Estudio Hispana con todas las clases en español, una Casa de Estudio Pentecostal y una Casa de Estudio Wesleyan Global con otras casas de estudio potenciales en la etapa de diseño.

Además, Dios abrió nuevas puertas de generosidad para proveer al establecimiento del Centro de Innovación Obispo Bruce Ough en el Seminario Teológico Unido bajo el liderazgo inspirador e innovador de la Reverenda Sue Nilson Kibbey. El Centro de Innovación nos permite proporcionar experiencias de renovación espiritual para pastores y congregaciones de varias denominaciones en toda la nación lideradas por la Reverenda Kibbey.

Habíamos estado orando para que Dios nos permita liberarnos de deudas por nuestra celebración del 150 Jubileo en octubre de 2021. Las donaciones finales llegaron en el verano de 2021 y pudimos eliminar la hipoteca de US$4 millones de nuestras instalaciones. Gracias a Dios.

Asimismo, Dios ha abierto nuevas puertas de generosidad con regalos inesperados para becas para nuestros estudiantes. Una fundación, que ha elegido permanecer anónima y de la que nunca habíamos oído hablar, nos contactó para discutir sobre una propuesta para darnos US$1 millón para establecer una beca académica de media matrícula o matrícula completa para estudiantes excepcionales. Después, esa misma fundación nos dio un donativo de Jubileo de US$2 millones en honor a nuestro aniversario 150. Este donativo de jubileo está designado para reducir el endeudamiento educativo de todos nuestros estudiantes que se gradúan en el año académico 2022 por US$20,000 cada uno. Esto significa que el 30 por ciento de nuestros casi cien graduados este año se graduarán libres de deuda.

Dios es tan fiel a nosotros y continúa bendiciéndonos con nuevos estudiantes y el apoyo de becas necesario para permitirles graduarse con menos endeudamiento educativo.

Con frecuencia, nos enfocamos en lo que queremos y le pedimos a Dios que nos lo dé. Sin embargo, una iniciativa de oración de descubrimiento significa entregarnos a las manos de Dios, orando como Jesús, "No se haga mi voluntad, sino la tuya" y confiar en Dios para guiarnos hacia el futuro de maneras que no podríamos haber anticipado.

Gracias a Dios.

Gracia y paz,

Dr. Kent Millard, Presidente

Seminario Teológico Unido

Dayton, Ohio